GUERRE DE 1870

—

METZ

GUERRE DE 1870

METZ

PAR

LE COMMANDANT G. MAX. THOMAS

« Le succès fait vite oublier les
« difficultés à vaincre, et il faut un
« échec pour montrer les erreurs
« commises. »
  *(Conférence du Ministère de la
  Guerre, 16 décembre 1869.)*

POITIERS

HENRI OUDIN, LIBRAIRE-ÉDITEUR

rue de l'Éperon, 4

1871

NOTE DE L'ÉDITEUR.

—

Monsieur le Commandant Thomas nous a adressé d'Allemagne, où il était en captivité, l'ouvrage que nous publions : c'est l'histoire de l'armée de Metz, depuis le commencement de la Campagne jusqu'à la convention du 28 octobre 1870 , faite d'après ses souvenirs et des recherches sérieuses.

L'impartialité de l'auteur et les considérations dans lesquelles il est entré, font de son travail un document utile , digne d'être consulté avec intérêt.

Quoique nous possédions son manuscrit depuis le mois d'avril dernier , nous avons pensé qu'il valait mieux attendre, pour l'imprimer, que les esprits , reposés de tant de secousses, fussent devenus plus calmes.

Il était à l'impression quand nous avons lu le chaleureux discours prononcé par Monsieur le Général Changarnier à l'Assemblée Nationale, le 29 mai 1871 ; nous sommes heureux de constater que les idées émises par l'auteur ont beaucoup de rapport avec l'opinion de l'illustre Général, et nous espérons que la lumière se fera enfin sur des faits appréciés jusqu'à présent avec l'humeur chagrine causée par une telle catastrophe.

Poitiers, le 1er juin 1874.

L'éditeur : H. OUDIN.

La Capitulation de Metz restera un des événements les plus douloureux de la lutte sanglante engagée entre la France et la Prusse.

Enfant de cette fière cité qui me rappelle de pieux souvenirs, j'ai assisté, le cœur navré, à son agonie.

Prisonnier de guerre, après avoir subi cette cruelle épreuve, j'ai voulu profiter de ma captivité pour reproduire froidement, en dominant de tristes impressions, les différentes phases de cette pénible époque, rechercher ses causes, en déduire les conséquences et en tirer pour l'avenir un enseignement utile.

Avant de livrer ce travail à la publicité, j'y ai mûrement réfléchi, afin de le dépouiller des appréciations exagérées, que la vue d'un si grand désastre m'avait d'abord inspirées.

Stargard (Poméranie) 29 mars 1871.

G. Thomas.

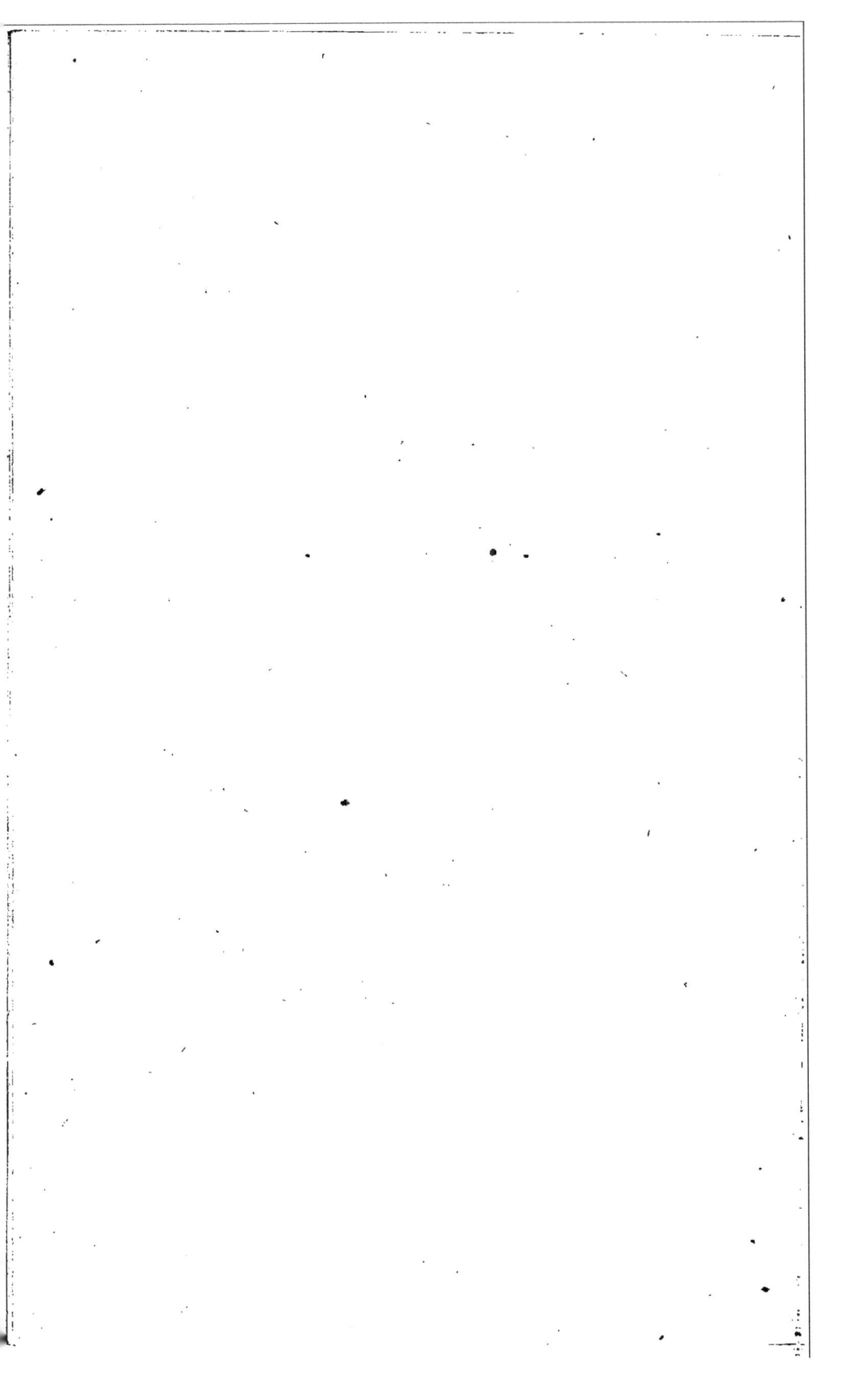

PREMIÈRE PÉRIODE

—

DE LA DÉCLARATION DE GUERRE

AU BLOCUS

———◦———

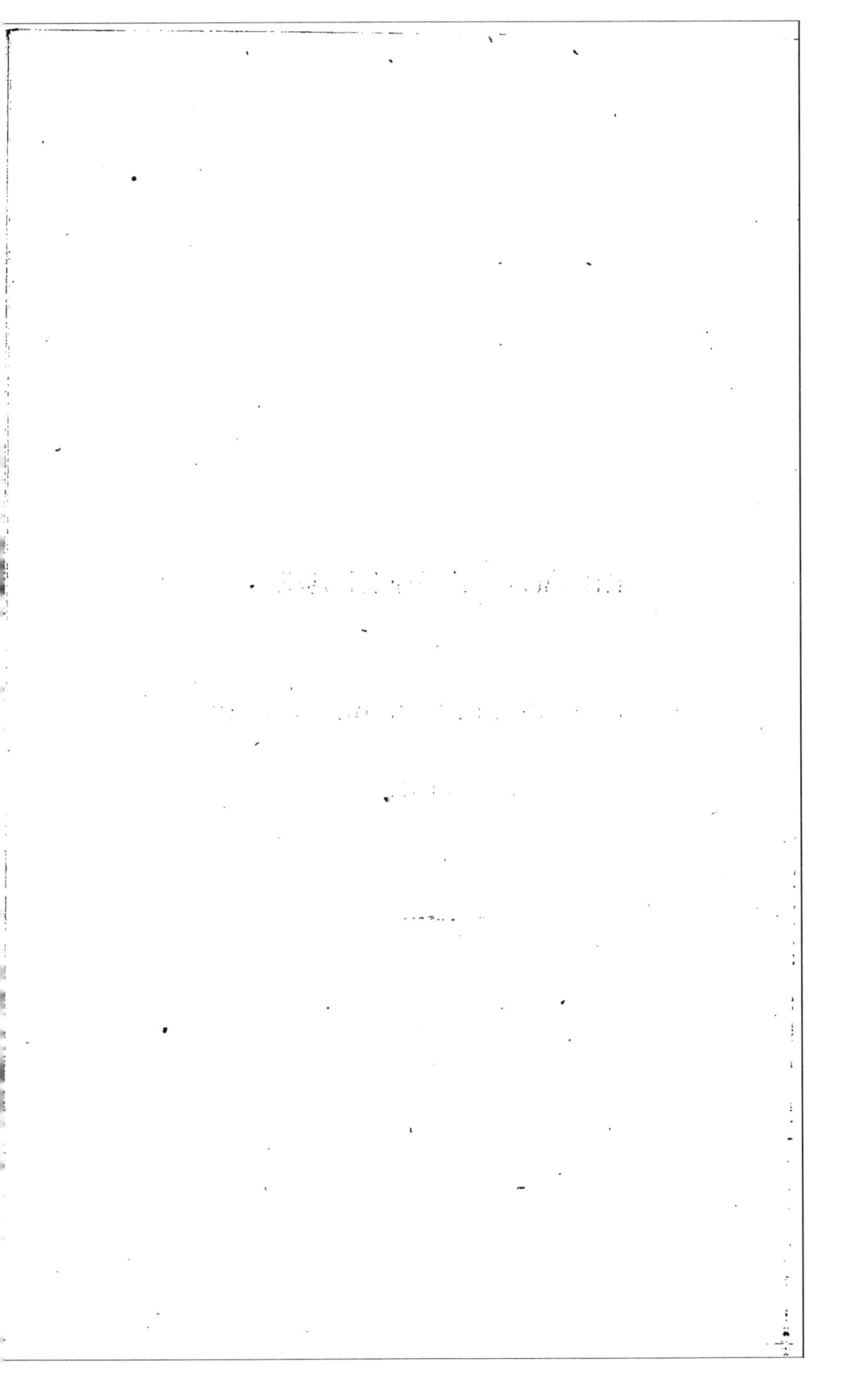

CHAPITRE PREMIER

SITUATION POLITIQUE DE LA FRANCE EN EUROPE.

« La perspective d'un duel entre la France et la
« Prusse excite l'inquiétude générale, frappe les
« esprits et tient les affaires en suspens, » disait
Monsieur Guizot en 1868 (1), et en 1870 les paroles hau-
taines adressées par le duc de Gramont au gouvernement prussien rendaient ce duel inévitable.

En présence de l'Europe qui demeura impassible, —
l'Autriche et la Prusse avaient écrasé le Danemark à
Düppel ; la France, de concert avec l'Angleterre, pouvait
prêter son appui à ce vaillant pays ; mais cette dernière,

(1) *La France et la Prusse responsables devant l'Europe*, par
M. Guizot. 1868.

après avoir fourn: quelques troupes de débarquement, se serait empressée de décliner la responsabilité des opérations militaires sur le continent ; et, la Russie s'en mêlant, la France restait seule en face des trois meilleures armées de l'Europe : l'entreprise devenait donc téméraire. Cependant elle devait, en 1866, s'opposer à la guerre entre la Prusse et l'Autriche, ou au moins soutenir sa nouvelle alliée depuis Solferino ; mais, après avoir contribué à faire l'unité italienne, l'Empereur, fidèle au fatal principe des nationalités, laissa faire l'unité allemande, sans penser qu'un jour la Prusse, en raison de ce même principe, chercherait à s'agrandir à notre détriment.

Et, sans se déclarer ouvertement pour la Prusse ou pour l'Autriche, encourageant tour à tour l'une ou l'autre de ces deux rivales, au lieu de s'entourer d'alliés, il ne se créa pour l'avenir que des ennemis ou des indifférents.

Sur ces entrefaites, la Prusse, victorieuse à Sadowa, grandissait :

« Vous vous êtes fait d'étranges illusions », écrivait la Reine de Hollande à l'Empereur Napoléon le 13 juillet 1866, après la bataille de Custodza (1).

« Votre prestige a plus diminué dans cette dernière quinzaine qu'il n'a diminué pendant toute la durée du règne.

« Vous permettez de détruire les faibles ; vous laissez

(1) Lettre de la Reine de Hollande à l'Empereur. (*Papiers de l'Empire.*)

grandir outre mesure l'insolence et la brutalité de votre plus proche voisin ; vous acceptez un cadeau, et vous ne savez même pas adresser une bonne parole à celui qui vous le fait.

« Je regrette que vous me croyiez intéressée à la question, et que vous ne voyiez pas le danger d'une puissante Allemagne et d'une puissante Italie ; c'est la dynastie qui est menacée, et c'est elle qui en subira les suites ; je le dis parce que telle est la vérité, que vous reconnaîtrez trop tard.

« Ne croyez pas que le malheur qui m'accable dans le désastre de ma patrie me rende injuste ou méfiante. La Vénétie cédée, il fallait secourir l'Autriche, marcher sur le Rhin, imposer vos conditions.

« Laisser égorger l'Autriche, c'est plus qu'une faute, c'est un crime.

« Peut-être est-ce ma dernière lettre ; cependant je croirais manquer à une ancienne et sérieuse amitié si je ne disais une dernière fois toute la vérité.

« Je ne pense pas qu'elle soit écoutée, mais je veux pouvoir me répéter un jour que j'ai tout fait pour prévenir la ruine de ce qui m'avait inspiré tant de foi et tant d'affection. »

Cette politique expectante, devenant ainsi indécise, devait amener les tristes événements qui s'accomplirent quatre ans après ; et, ne rassurant personne, elle semblait tout au plus une satisfaction donnée à l'opinion publique ; car généralement, en France, on voulait jouir des avantages que peut procurer une bonne armée, sans cependant en avoir les charges.

Est-ce la paix ? Est-ce la guerre ? se demandait-on sans cesse. Enfin, au moment où, de notre part, une démonstration sur le Rhin pouvait encore modifier l'avenir, certains organes de la presse française, favorables à la Prusse, traitaient l'Autriche de puissance réactionnaire ; et l'Italie réclamait la Vénétie promise par l'Empereur avant Magenta.

Nous n'étions d'ailleurs pas prêts à entrer en campagne. Le Maréchal Randon, ministre de la guerre, cédant aux instances de l'opposition, venait de diminuer sensiblement l'armée en faisant décréter le licenciement de 2 compagnies par régiment dans l'infanterie, de 40 batteries d'artillerie, de 30 escadrons dans la grosse cavalerie et la cavalerie de ligne, y compris la suppression du 2e cuirassiers de la garde et du 2e carabiniers ; de plus, une guerre fâcheuse était engagée avec le Mexique.

LA FRANCE ET LA PRUSSE.

Cependant les agrandissements de la Prusse devaient tôt ou tard amener une lutte entre cette puissance et la France resserrée dans ses anciennes limites.

L'Empereur Napoléon III, après avoir laissé s'accomplir, sans y prendre une part même indirecte, les événements qui transformaient la situation politique de l'Allemagne du Nord, comprit que, pour satisfaire l'orgueil national stimulé et exaspéré, il fallait à tout prix conserver à la France le rang élevé qui lui était dû dans l'équilibre Européen.

L'annexion du Luxembourg devait lui faire regagner l'influence qu'elle avait perdue, en ne se mêlant pas des traités qui venaient de mettre un terme à la guerre entre la Prusse et l'Autriche ; mais il était évident que la Prusse, obligée de retirer sa garnison de cette forteresse, ne pouvait adhérer à une semblable convention.

C'était donc la guerre, ou au moins une nouvelle cause d'inimitié.

Ce fut alors que le Maréchal Niel, se préoccupant sérieusement de l'avenir, construisit des forts autour de Metz et commença à réorganiser l'armée.

L'année 1870 se présentait en Europe sous de favorables auspices, et rien ne semblait devoir troubler le repos dont elle jouissait, quand la candidature d'un prince Prussien au trône d'Espagne vint réveiller en France toutes les anciennes susceptibilités.

Cet incident, qui, dans d'autres temps, n'eût provoqué que des notes diplomatiques, souleva le pays tout entier ; et le défi, porté à la tribune par le ministre des affaires étrangères, rendit dès lors tout arrangement impossible.

La France crut enfin trouver une solution aux questions depuis si longtemps en suspens : car, s'apercevant que l'influence de la Prusse augmentait chaque jour, elle reconnaissait aussi qu'entre elle et sa voisine les limites étaient insuffisantes.

Néanmoins, dédaignant de se tenir au courant de ce qui se passait à côté d'elle sur la rive droite du Rhin, elle n'avait pris aucune précaution importante.

La Prusse, au contraire, aussitôt après la guerre de 1866, envoyait de nombreux agents en Lorraine et en

Alsace pour sonder l'esprit des populations allemandes
et protestantes de nos frontières, comme elle l'avait fait
trois ans avant l'ouverture des hostilités en Bohême ou en
Silésie ; dans presque toutes les fermes, les usines ou
les fabriques de la Moselle, de la Meurthe, des Vosges
et du Bas-Rhin ; des employés, des ouvriers, des contre-
maîtres étaient Prussiens : c'était une armée d'espions et
d'éclaireurs qui se préparait, car à Berlin on avait déjà
l'esprit de conquêtes.

« Les Badois devraient comprendre, disait le Général
de Moltke (1), que leur avenir est entre nos mains. Nous
pourrons bientôt leur faire ou beaucoup de bien ou
beaucoup de mal, quand nous serons en mesure de
disposer de l'Alsace, et cela ne saurait tarder.

« En la réunissant au grand-duché de Bade, nous
formerons une superbe province comprise entre les
Vosges et la Forêt-Noire, traversée dans toute sa lon-
gueur par un beau fleuve. A coup sûr, aucun pays au
monde ne se trouvera dans des conditions pareilles de
bien-être et de prospérité. »

Et tandis que la Prusse, envisageant froidement l'avenir, sans cependant avoir l'intention positive d'attaquer la France, faisait d'immenses préparatifs, exaltait
son esprit militaire et travaillait activement à fusionner
les armées des États récemment annexés, des députés
français demandaient à la Chambre la diminution de la
nôtre, quelques-uns même son licenciement. Il est vrai

(1) Extrait de la correspondance du général Ducrot au général
Trochu. (*Papiers de l'Empire.*)

qu'ils voulaient en échange que toute la nation fût armée : on donne ainsi des armes à l'émeute, mais on ne fait pas des soldats.

Cette armée, dont, quelques années auparavant, nous avions lieu d'être fiers, jouissait alors d'une considération tellement minime que nos régiments n'avaient presque plus d'engagés volontaires.

Sous l'influence des idées de l'époque, le respect de nos vieilles traditions diminua, les règlements furent moins observés, et le goût du métier, que l'on prenait autrefois aux rudes épreuves de la vie militaire, disparaissant, la carrière des armes ne fut plus considérée comme un poste d'honneur, mais devint un champ de courses sur lequel se heurtèrent toutes les ambitions.

C'est dans ces conditions morales que la guerre fut déclarée; et sans tenir compte des excellents renseignements donnés par monsieur le colonel Stoffel, attaché militaire à l'ambassade de Berlin, sans surtout nous préoccuper suffisamment de nos propres ressources, comptant trop volontiers sur l'intervention de 100,000 Italiens et de 300,000 Autrichiens qui devaient opérer sur la rive droite du Rhin pour se relier au corps du Maréchal Mac-Mahon, nous crûmes que nous étions prêts, et avec la confiance du caractère français, la lutte s'engagea sans crainte (1).

(1) La lettre ci-jointe, adressée au général Frossard par le général Ducrot, prouve combien la Prusse s'endormait peu :

« Strasbourg, 28 octobre 1868.

. . . .

« Je viens de voir, il y a quelques instants, Madame la comtesse de

Le Sénat avait approuvé la guerre à l'unanimité, le Corps législatif avec une immense majorité ; quelques membres de la gauche seulement, soutenus par l'autorité de Monsieur Thiers, s'y opposèrent par esprit de parti. — Il est regrettable que la parole convaincue de ce courageux Homme d'Etat n'ait pas eu plus d'influence sur nos deputés.

La France savait vaguement que la Prusse possédait une armée formidable ; cependant, malgré l'opinion des hommes les plus sérieux qui prévoyaient que cette lutte serait longue et difficile, la Nation paraissait la considérer comme nécessaire, et personne ne pensait alors qu'elle n'était, ainsi qu'il a été prétendu depuis, qu'une nécessité dynastique.

Pourtalès qui arrive de Berlin ; Prussienne par son mari, elle était en admiration devant tous les actes de M. de Bismark, du Roi Guillaume et de tous les Prussiens ; elle prétendait que rien ne pouvait motiver une guerre entre la France et la Prusse, que nous étions faits pour nous entendre et nous aimer : bref, son langage était une variante poétique des discours Rouher et des circulaires Lavalette. Et voilà que cette adorable comtesse me déclare qu'elle revient de Berlin la mort dans l'âme, que la guerre est inévitable, qu'elle ne peut manquer d'éclater au premier jour, que les Prussiens sont si bien préparés, si habilement dirigés, qu'ils sont assurés du succès.

« Mais, lui ai-je dit, on ne parle que des intentions pacifiques de nos chers voisins, de la salutaire terreur que nous leur inspirons, du désir de Bismark d'éviter tout prétexte de conflit ; et d'ailleurs nous renvoyons tous nos soldats dans leurs foyers, et il est même question d'une réduction de cadres.

« — Ah ! général, s'est-elle écriée, c'est ce qu'il y a d'affreux ; ces gens-là nous trompent indignement et comptent bien nous surprendre désarmés.

« Oui, le mot d'ordre est donné. En public, on parle de paix, du désir de vivre en bonne intelligence avec nous ; mais lorsque, dans

DES CAUSES QUI AMENÈRENT LA DÉCLARATION DE GUERRE.

Quoique cette erreur qui nous a entraînés à de si
grandes catastrophes soit due à l'imprévoyance blâmable de l'Empereur et à la coupable légèreté de ses
ministres, la France tout entière doit prendre sa part
de responsabilité.

Depuis Sadowa, les partis même opposés à l'Empire,
dans leurs discours aux Chambres ou par l'organe des
journaux, avaient habitué le Pays à la pensée d'une
guerre avec la Prusse, en la présentant comme un évé-
nement désirable.

Généralement peu au courant des rapports qui exis—

l'intimité, on cause avec tous ces gens de l'entourage du Roi, ils pren-
nent un air narquois et vous disent : « Est-ce que vous croyez à tout
« cela ? Ne voyez-vous pas que les événements marchent à grands
« pas, que rien désormais ne saurait conjurer le dénouement ? »
   « Ils se moquent indignement de notre gouvernement, de notre
armée, de notre garde mobile, de nos ministres, de l'Empereur, de
l'Impératrice, prétendant qu'avant peu la France sera une seconde Espagne.
   « Enfin croiriez-vous que le ministre de la maison du Roi, M. de
Sleimitz, a osé me dire que bientôt notre Alsace serait à la Prusse ?
   « Et si vous saviez quels énormes préparatifs, quelle confiance dans
tous les rangs de la société et de l'armée !
   « En vérité, général, je reviens attristée ; pleine de troubles et de
crainte, j'en suis certaine maintenant, rien, non, rien ne peut conjurer la guerre, et quelle guerre !..... »
   Les succès inespérés de la Prusse dans la campagne de 1870 ne font
qu'accroître son ambition ; elle convoite le Luxembourg et n'attend
aussi pour agir contre l'Autriche qu'un nouveau prétexte. (Später.)
Plus tard ! disent maintenant les Prussiens.

taient entre les différents États de l'Allemagne, ils prétendaient que le joug de la Prusse y était subi avec mécontentement ; et ces idées, grâce à la source élevée qui
les avait produites, se répandirent et furent acceptées
par l'opinion publique. Il n'est donc point surprenant
que la déclaration du ministre des affaires étrangères
(6 juillet), après avoir été saluée par des applaudisse-
ments suivis d'un vote de confiance, ait été, de la part de
la presse française, l'objet de louanges pour ainsi dire
unanimes.

Les journaux de presque toutes les nuances poussant
ainsi à la guerre, la province partagea l'exaltation fié-
vreuse de la Capitale ; et les esprits devinrent si animés
que, dans un pareil moment, des négociations pacifiques eussent semblé humiliantes.

Le Souverain qui avait dit à Bordeaux : « L'Empire
« c'est la Paix », qui s'était hâté de terminer la guerre
de Crimée par le Congrès de Paris, celle d'Italie par
l'entrevue de Villafranca, enfin l'expédition du Mexique
dès qu'il le put savait combien sont incertaines les
chances de la guerre, et n'ignorait pas qu'une monar-
chie constitutionnelle seule donnerait le trône à son
fils. S'il avait donc pensé un instant qu'une victoire
éclatante dût assurer glorieusement sa dynastie, il eût
songé aussi qu'une campagne malheureuse pouvait la
perdre.

Le gouvernement personnel, après avoir rallié les
conservateurs de tous les partis, avait procuré à la
France des années de prospérité, et on ressentait l'influence favorable d'un caractère énergique ; quand

la guerre d'Italie, puis plus tard l'expédition du Mexique, malgré la gloire de nos armes, devinrent toutes deux des fautes politiques.

Ensuite avec l'agrandissement considérable de Paris, — l'accomplissement trop rapide de travaux gigantesques, — l'accroissement du confortable et du luxe dont ils furent la conséquence, et qui attirèrent dans notre Capitale tous les ambitieux ou les oisifs de la province,—enfin avec la réunion d'une population ouvrière cosmopolite, à laquelle il fallait des distractions et des salaires élevés : l'Empereur, pour améliorer surtout le sort des travailleurs, en créant ainsi un bien-être superficiel, prépara un mouvement social qui devait le déborder et devenir funeste pour la France.

A bout de ressources,— ayant essayé de tous les expédients, — sur la pente fatale des concessions arrachées par la nécessité, — abandonnant les gens qui pouvaient le soutenir, — flattant les nombreux mécontents qui, déjà comblés de ses faveurs ou de ses bienfaits, en redemandaient encore avec une insatiable audace comme prix d'un dévouement factice : Napoléon III, obligé de lutter sans cesse contre les partis extrêmes, après avoir montré envers eux trop de faiblesse, raffermi cependant par le Plébiscite, s'abandonna à une confiance inconcevable, et déclara la guerre à la Prusse, en considérant peut-être cette mesure comme un dérivatif : il y fut du reste encouragé par ses ministres, qui lui affirmèrent qu'une pareille guerre serait sympathique et nationale. Son entourage surtout accueillit avec empressement cette occasion de faire une marche triomphale en Allemagne.

Et cet enthousiasme s'étant répandu à la surface du Pays, en quittant Paris pour se rendre à l'armée, l'Empereur put dire au président du Corps Législatif : « Nous avons essayé d'éviter la Guerre, mais c'est la Nation tout entière qui, dans son irrésistible élan, a dicté mes résolutions. »

En dernier lieu, ses fautes militaires lui avaient retiré toute espèce d'initiative ; néanmoins les ministres rejetaient toujours sur lui la responsabilité, et il était dans une position telle que, forcé de céder aux conseils venant de Paris, ne pouvant plus opérer ni comme Chef d'armée, ni comme Chef du gouvernement, dont il avait confié la Régence à l'Impératrice, il ne restait plus à l'Empereur, pour sauver l'Honneur de son nom, qu'à se faire tuer à la tête d'un régiment. Cette fin, digne d'un Souverain malheureux, aurait certainement calmé les esprits, peut-être raffermi sa dynastie, et évité à la France les maux qui l'accablèrent depuis.

Quant aux manifestations populaires, qui passent souvent à tort pour être l'expression la plus saine de l'opinion publique, elles proviennent généralement de certains chercheurs d'émotions.

Quelques mois auparavant, on demandait la suppression de l'armée ; maintenant on voulait la guerre à outrance ; cependant les nombreux obstacles qui se présentaient ne devaient pas s'aplanir devant des paroles creuses ou des cris d'enthousiasme.

Le patriotisme exalté enfante de grandes choses,

quand il est soutenu par un profond sentiment national ; mais il cause des malheurs qui retombent sur
toute une Nation , lorsqu'il n'est que le résultat d'un
égoïsme calculé.

Les Hommes de cœur, pour sauver la Patrie, donnent
alors leur fortune et leur sang, en prenant à eux seuls
la responsabilité d'actes qu'ils n'ont eu que la faiblesse
d'accepter ; tandis que les véritables instigateurs se
tiennent prudemment à l'écart pour reparaître plus
bruyants que jamais quand le danger a disparu.

Il est temps que l'on fasse enfin justice de ces gens
méprisables, qui, n'ayant même pas assez d'audace pour
devenir des Conspirateurs, soulèvent les masses en
flattant leurs instincts, — provoquent leur mécontentement contre les choses établies , — préparent la Révolution, — amènent le désordre, — et se sauvent ensuite,
lâchement, après avoir rempli leurs poches.

Le Pays a été trop témoin de ce honteux trafic pour
qu'il se laisse de nouveau prendre à ces perfides démonstrations !

CHAPITRE II

PRÉPARATIFS DE GUERRE.

Les préparatifs se firent aussi promptement que possible, en tenant compte du désordre qu'occasionnent toujours, dans un pareil moment, les complications de notre système militaire.

Nos régiments, réduits aux effectifs de paix, n'étaient ni embrigadés ni endivisionnés, à l'exception de la Garde, des divisions actives du camp de Châlons, de Lyon et de l'armée de Paris.

Il fallut de suite rappeler nos réserves, les habiller, les armer, et en même temps organiser les gardes mobiles, qui, dans la plupart des départements, ayant à peine tous leurs officiers nommés, n'avaient pas été seulement une fois réunis.

2

Il nous restait beaucoup à faire ; cependant le temps pressait, car l'armée prussienne était prête ; et si on compare notre organisation militaire à celle de la Prusse, on trouve immédiatement les causes de notre infériorité numérique.

Quand une puissance modifie le recrutement de son armée, il s'écoule forcément un certain nombre d'années avant que la nouvelle loi puisse être appliquée dans tous ses détails : c'est ainsi qu'en Prusse la loi de 1861, complétée par celle de 1867, ne devait avoir son entière application qu'en 1871 ; et celle de 1868 en France vers 1878 seulement.

La Prusse allait donc jouir complétement des avantages de cette nouvelle organisation : tandis que la France était encore bien éloignée des résultats que pouvait donner sa loi de 1868.

Dans l'armée prussienne, le service militaire étant obligatoire, elle avait des classes entières : nous n'avions que des contingents.

En France, nos réserves, à peine instruites, devaient se réunir au chef-lieu de leurs départements, pour être d'abord dirigées sur leurs dépôts et rejoindre ensuite leurs régiments déjà en marche. — En Prusse, les réserves se trouvaient à côté de leurs régiments, et toutes avaient passé trois ans sous les drapeaux.

En outre, la Prusse possédait dans l'armée active beaucoup plus de régiments que la France ; sa landwehr était instruite, et notre garde mobile existait à peine. — Chez nous, on libérait définitivement les hommes au moment où en Prusse ils entraient seulement dans la landwehr.

Enfin, nos régiments, éparpillés au hasard dans les différentes garnisons, devenaient très-difficiles à concentrer ; — en Prusse, au contraire, l'armée était toujours organisée en divisions et corps d'armée.

Néanmoins, malgré tous ces inconvénients, on se mit à l'œuvre, déployant de toutes parts une grande activité, et en moins de 15 jours on réunissait sur la frontière une armée dont nos meilleures troupes faisaient partie. Formée de sept Corps, y compris la Garde, elle s'étendait du Rhin à la Moselle, pour observer quatre-vingts lieues de frontières, de Sierck à Bâle.

Cette armée, remplie d'ardeur, était encore encouragée dans ses sentiments belliqueux par les vœux et les démonstrations touchantes des généreuses populations qui l'avaient acclamée sur son passage, surtout vers nos provinces de l'Est ; car un bon espoir dans le succès de nos armes y animait tous les cœurs.

L'Empereur en avait pris le commandement ayant le Maréchal Le Bœuf pour Major général, et les généraux Le Brun et Jarras comme chefs d'état-major.

Les différents Corps devaient être composés ainsi qu'il suit :

1er CORPS.

Maréchal MAC-MAHON.

Chef d'état-major : général COLSON.

1re Division Gal DUCROT.	1re brigade Gal Mérane.	13e baton de chasseurs. 45e de ligne. 74e —
	2e brigade Gal de Portés de Houldec.	45c de ligne. 74e —
2e Division Gal DOUAY (Abel).	1re brigade Gal de Montmary.	16e baton de chasseurs. 50e de ligne. 78e —
	2e brigade Gal Pellé.	1er zouaves. 1er tirailleurs.
3e Division Gal RAOULT.	1re brigade Gal Lhérillier.	8e baton de chasseurs. 36e de ligne. 4e —
	2e brigade Gal Lefebvre.	2e zouaves. 2e tirailleurs.
4e Division Gal DE LARTIGUE.	1re brigade Gal Fraboulet de Kerléadec.	1er baton de chasseurs 56e de ligne. 87e —
	2e brigade Gal Lacretelle.	3e zouaves. 3e tirailleurs.
Cavalerie. Gal DUHESME.	1re brigade Gal de Septeuil.	3e hussards. 11e chasseurs.
	2e brigade Gal de Nansouty.	2e et 6e lanciers. 10e dragons.
	3e brigade Gal Michel.	8e cuirassiers. 9e —

2e CORPS.

Général FROSSARD.

Chef d'état-major : général SAGET.

1re Division. Gal VERGÉ.	1re brigade Gal Valazé.	3e baton de chasseurs. 32e de ligne. 55e —
	2e brigade Gal Jolivet.	76e de ligne. 77e —
2e Division. Gal BATAILLE.	1re brigade Gal Pouget.	12e baton de chasseurs. 8e de ligne. 23e —
	2e brigade Gal Bastoul.	66e de ligne 67e —
3e Division. Gal DE LAVEAUCOU- PET.	1re brigade Gal Doens.	10e baton de chasseurs. 2e de ligne. 64e —
	2e brigade Gal Micheler.	24e de ligne. 40e —
Cavalerie. Gal LICHTLIN.	1re brigade Gal de Valabrègue.	4e chasseurs. 5e —
	2e brigade Gal Bachelier.	7e dragons. 12e —

3e CORPS.

Maréchal BAZAINE.

Chef d'état-major : général MANÈQUE.

1re Division. Gal MONTAUDON.	1re brigade Gal Aymard	18e baton de chasseurs. 15e de ligne. 52e —
	2e brigade Gal Clinchant.	84e de ligne. 95e —
2e Division. Gal DE CASTAGNY.	1re brigade Gal Cambriels.	15e baton de chasseurs. 19e de ligne. 4e —
	2e brigade Gal Duplessis.	69e de ligne. 90e —
3e Division. Gal METMANN.	1re brigade Gal de Potier.	7e baton de chasseurs. 7e de ligne. 29e —
	2e brigade Gal Arnaudeau.	59e de ligne. 71e , —
4e Division. Gal DECAEN.	1re brigade Gal de Bauer.	11e baton de chasseurs. 44e de ligne. 60e —
	2e brigade Gal Sanglé-Ferrières.	80e de ligne. 85e —
Cavalerie. DE CLÉREMBAULT.	1re brigade Gal de Bruchard.	2e chasseurs. 3e — 10e —
	2e brigade Gal de Maubranches.	2e dragons. 4e —
	3e brigade Gal de Juniac.	5e dragons. 8e —

4e CORPS.

Général DE LADMIRAULT.

Chef d'état-major : général OSMONT.

1re Division. Gal DE CISSEY.	1re brigade Gal Brayer.	20e baton de c' asseurs. 1er de ligne. 6e —
	2e brigade Gal de Golberg.	57e de ligne. 73e —
2e Division. Gal ROZE.	1re brigade Gal Bellecourt.	5e baton de chasseurs 13e de ligne. 43e —
	2e brigade Gal Pradier.	64e de ligne. 98e —
3e Division. Gal DE LORENCEZ.	1re brigade Gal Pajol.	15e de ligne 33e —
	2e brigade Gal Berger.	34e de ligne 65e —
Cavalerie. Gal LEGRAND.	1re brigade Gal de Montaigu.	2e husards. 7e —
	2e brigade Gal de Gondrecourt.	3e dragons. 11e —

5e CORPS.

Général DE FAILLY.

Chef d'état-major : général BESSON.

1re Division. Gal GOZE.	1re brigade Gal Grenier.	4e baton de chasseurs. 11e de ligne. 46e —
	2e brigade Gal Nicolas.	64e de ligne. 86e —
2e Division. Gal DE L'ABBADIE.	1re brigade Gal Lapasset.	14e baton de chasseurs. 47e de ligne. 84e —
	2e brigade Gal de Maussion.	88e de ligne. 97e —
3e Division. GUYOT DE L'ESPART.	1re brigade Gal Abbatucci.	19e baton de chasseurs. 17e de ligne. 27e —
	2e brigade Gal de Fontanges.	30e de ligne. 68e —
Cavalerie. Gal BRAHAUT.	1re Brigade Gal de Bernis.	5e hussards. 12e chasseurs.
	2e brigade Gal de la Mortière.	3e lanciers. 5e —

6e CORPS.

Maréchal CANROBERT.

Chef d'état-major : général HENRY.

1re Division. Gal TIXIER.	1re brigade Gal Péchot.	9e baton de chasseurs. 4e de ligne. 10e —
	2e brigade Gal Leroy de Days.	12e de ligne. 100e —
2e Division. Gal BISSON.	1re brigade Gal Noël.	9e de ligne. 14e —
	2e brigade Gal Maurice.	20e de ligne. 31e —
3e Division. Gal LAFONT DE VILLIERS.	1re brigade Gal de Sonnay.	75e de ligne. 91e —
	2e brigade Gal Collin.	93e de ligne. 94e —
4e Division. Gal LEVASSOR SORVAL	1re brigade Gal de Marguenat.	25e de ligne. 26e —
	2e brigade Gal de Chanaleilles.	28e de ligne. 70e —
Cavalerie. Gal DE FÉNELON.	1re brigade Gal Tillard.	1er hussards. 6e chasseurs.
	2e brigade Gal Savaresse.	1er lanciers. 7e —
	3e brigade Gal de Béville.	5e cuirassiers. 6e —

7e CORPS.

Général DOUAY (Félix).

Chef d'état-major : général RANSON.

1re Division. Gal CONSEIL-DUMES-NIL.	1re brigade Gal Nicolaï.	17e bat^{on} de chasseurs. 3e de ligne. 21e —
	2e brigade Gal Maire.	47e de ligne. 99e —
2e Division. Gal LIÉBERT.	1re brigade Gal Guaymard.	6e bat^{ou} de chasseurs. 5e de ligne. 37e —
	2e brigade Gal de Labastide.	53e de ligne. 89e —
3e Division. Gal DUMONT.	1re brigade Gal Bordas.	52e de ligne. 79e —
	2e brigade Gal Casseval de Préchannel.	82e de ligne. 93e —
Cavalerie. Gal AMEIL.	1re brigade Gal Cambriel.	4e hussards. 4e lanciers. 8e —
	2e brigade Gal Jolif-Ducoulombier.	6e hussards. 6e dragons.

GARDE.

Général BOURBAKI.

Chef d'état-major : général D'AUVERGNE.

1re Division. Gal DELIGNY.	1re brigade Gal Brincourt.	1er voltigeurs. 2e — chasseurs.
	2e brigade Gal Garnier.	3e voltigeurs. 4e —
2e Division. Gal PICARD.	1re brigade Gal Jeanningros.	zouaves. 1er grenadiers.
	2e brigade Gal Poitevin de Lacroix.	2e grenadiers. 3e —
Cavalerie. Gal DESVAUX.	1re brigade Gal du Fretay.	chasseurs. guides.
	2e brigade Gal de France.	lanciers. dragons.
	3e brigade Gal du Preuil.	cuirassiers. carabiniers.

Outre la cavalerie de ces Corps, il existait aussi trois divisions de réserve destinées à être employées selon les besoins; elles contenaient environ 7 à 8,000 chevaux.

1re Division. Gal DU BARAIL.	1er, 2e, 3e et 4e chasseurs d'Afrique.
2e Division. Gal BONNEMAINS.	1er, 2e, 3e et 4e cuirassiers.
3e Division. Gal DE FORTON.	1er et 9e dragons. 7e et 10e cuirassiers.

L'artillerie, à raison de 3 batteries montées par division d'infanterie, dont une de mitrailleuses, et deux de 4; les divisions de cavalerie ne possédaient que deux batteries à cheval de 4.

Réserve des corps.	Pour les corps de 4 divisions.	4 batteries à cheval de 4. 4 batteries montées (dont 2 de 4 et 2 de 12).
	Pour les corps de 3 divisions.	2 batteries à cheval de 4. 4 id. montées (dont 2 de 4 et 2 de 12).

Réserve générale de l'armée.	8 batteries à cheval de 4. 8 batteries montées de 12.

Ce ne fut que devant Metz que l'on transforma en batteries de 12 celles de 4 de la réserve des Corps, en employant à cet usage les pièces de 12 de campagne qui se trouvaient à l'arsenal.

La difficulté de rappeler promptement les congédiés et les réservistes fit que la plupart des Corps restaient sur le pied de paix; car les hommes de la réserve, au lieu de rejoindre de suite les régiments qui se trouvent dans leurs départements pour y être immédiatement incorporés, sont obligés quelquefois de traverser toute la France avant d'arriver à leur dépôt; — ensuite, après avoir été armés et réhabillés, ils regagnent seulement l'armée active: ce sont des pertes de temps et des frais considérables qu'il faudrait éviter à l'avenir, afin de passer plus facilement du pied de paix au pied de guerre.

Dans cet état de choses, les régiments d'infanterie les plus forts n'avaient pu réunir que 3 bataillons à six compagnies ; chaque compagnie contenait environ 125 hommes.

La cavalerie, pour former quatre escadrons à 110 chevaux et cinq dans la Garde, avait tout emmené ; les dépôts ne contenaient plus que les cadres d'un escadron et les non-valeurs.

L'artillerie avait le calibre de 4 avec les divisions ; celui de 12 existait surtout dans les réserves ; tous les Corps possédaient des mitrailleuses, mais les parcs n'étaient pas complétement formés.

En outre, nos régiments n'ayant pas avec eux pendant la paix tout le matériel de campagne, très-peu arrivèrent, même avec difficulté, à le compléter de suite, et plusieurs ne l'eurent jamais en entier.

On put alors s'apercevoir que, pour faire la guerre, il faut y être préparé de longue main, en prévoyant les moindres détails ; mais surtout ne pas s'appuyer sur ces théories creuses qui préconisent les levées en masse et suppriment les troupes régulières.

Après cette première armée, il restait les 4e bataillons nouvellement formés, les escadrons de dépôt des régiments de cavalerie, une partie des troupes de Lyon et d'Afrique, le Corps expéditionnaire de Rome, enfin les mobiles, dont les idées anti-militaires donnèrent d'abord lieu à de fâcheux exemples d'indiscipline ; ils ont montré depuis le bon parti que l'on aurait pu tirer d'eux, s'ils avaient été plus exercés.

La loi sur les engagements pour la durée de la guerre

produisit à la Chambre un enthousiasme indescriptible. On supposait qu'elle fournirait au moins 300,000 jeunes gens : elle en donna, au début, à peine 3,000 ; et beaucoup d'entre eux, employés dans les états-majors, près des généraux, des intendants , dans les bureaux, ne parurent jamais à leurs régiments.

Nos différents corps entrèrent en campagne disposés de la manière suivante :

7ᵉ Corps. Général Douay. 18,000 hommes en formation sur le Rhin depuis Bâle , se reliant au maréchal Mac-Mahon. 18,000

1ᵉʳ Corps. Maréchal Mac-Mahon, 30,000 hommes de Strasbourg aux Vosges, appuyé aux lignes de Wissembourg. 30,000

5ᵉ Corps. Général de Failly, 20,000 hommes. La droite dans les Vosges, de Bitche à Sarreguemines. . 20,000

2ᵉ Corps. Général Frossard , 20,000 hommes de Sarreguemines à Forbach. 20,000

3ᵉ Corps. Maréchal Bazaine , 30,000 hommes couvrant Metz en avant de Boulay. 30,000

4ᵉ Corps. Général de Ladmirault , 20,000 hommes pour défendre la frontière jusqu'à Sierk. . . 20,000

Les 1ᵉʳ, 5ᵉ et 7ᵉ corps provisoirement sous le commandement en chef du Maréchal Mac-Mahon.

Ces six Corps étaient appuyés sur deux places fortes, Metz et Strasbourg, distantes de 40 lieues et formant une première ligne très-mince, ayant ses ailes adossées à Belfort et à Thionville, la droite au Rhin en face de Bâle, la gauche à la Moselle.

En arrière de cette ligne, 18,000 hommes de Garde Général Bourbaki, se concentraient à Metz; et le 6ᵉ, Corps, Maréchal Canrobert, environ 30,000 hommes, achevait de se former à Châlons.

Quand la guerre fut déclarée, nos places fortes, qui devaient être défendues par les mobiles, avaient des armements et des approvisionnements complétement insignifiants; de plus, on était loin d'être pourvu de tout, comme le prouvent les dépêches télégraphiques suivantes trouvées au château de Saint-Cloud.

« Intendant général à Blondeau,
« directeur administration, Guerre. Paris.

« Metz, 20 juillet 1870, 9 h. 50 matin.

« Il n'y a à Metz ni sucre, ni café, ni riz, ni eau-de-vie, ni sel; pas de lard et de biscuit.

« Envoyez d'urgence au moins un million de rations sur Thionville. »

—

« Général commandant 4ᵉ corps au Major général. — Paris.

« Thionville, 24 juillet 1870, 9 h. 11 matin.

« Le 4ᵉ Corps n'a encore ni cantines, ni ambulances,

ni voitures d'équipages pour les Corps et les états-majors ; tout est complétement dégarni. »

—

« Intendant 3ᵉ Corps à Guerre. — Paris.

« Metz, le 24 juillet 1870 , 7 h. , soir.

« Le 3ᵉ Corps quitte Metz demain; je n'ai ni infirmiers, ni ouvriers d'administration , ni caissons d'ambulance, ni fours de campagne, ni train , ni instrument de pesage ; à la 4ᵉ division et à la division de cavalerie, je n'ai pas même un fonctionnaire.

« Je prie Votre Excellence de me tirer de l'embarras où je suis, le grand quartier général ne pouvant me venir en aide, bien qu'il y ait plus de 10 fonctionnaires. »

—

« Sous-intendant à Guerre , 6ᵉ direction, bureau des subsistances. — Paris.

« Mézières, 25 juillet 1870 , 9 h. 20, matin.

« Il n'y a aujourd'hui dans les places de Mézières et de Sédan ni biscuit, ni salaisons. »

—

« Intendant chef à Guerre. — Paris.

« Metz , le 26 juillet 1870, 8 h. 47, soir.

« Par suite du manque absolu de boulangers et de l'impossibilité d'en trouver dans la classe civile, malgré les marchés passés pour fourniture à la ration, les nombreuses troupes en dehors de Metz sont obligées pour vivre de consommer le biscuit qui devrait servir de réserve, et qui n'arrive pas d'ailleurs dans une proportion suffisante; il n'est arrivé, avec les 120,000 hommes de l'armée, que 38 boulangers. »

L'Empereur, voyant combien toutes ces lenteurs pouvaient devenir graves, écrivit lui-même la dépêche suivante :

« Au général Déjean, ministre de la guerre. — Paris.

« Saint-Cloud, 26 juillet, 6 h. 45, soir.

« Je vois qu'il manque des biscuits et du pain à l'armée.

« Ne pourrait-on pas faire cuire le pain à la manutention à Paris et l'envoyer à Metz? »

A la date du 27 juillet il n'y avait pas encore, à Metz, de munitions de canons à balles :

« Colonel directeur du parc 3e Corps à directeur artillerie, ministère de la guerre.

« Metz, le 27 juillet 1870, 12 h. 30, soir.

« Les munitions de canons à balles n'arrivent pas. »

Les difficultés continuaient à exister, et, à la date du 27

juillet, les détachements arrivaient sans cartouches et sans matériel de campagne :

Intendant à Guerre. — Paris.

« Metz, le 27 juillet 1870, 10 h. 30.

« L'intendant du 1er Corps m'informe qu'il n'a encore ni sous-intendant, ni soldats du train, ni ouvriers d'administration, et que, faute de personnel, il ne peut encore rien constituer ni atteler aucun caisson. »

—

« Major général à Guerre. — Paris.

« Metz, le 27 juillet 1870, 12 h. 30, soir.

« Les détachements qui rejoignent l'armée arrivent toujours sans cartouches et sans campement. »

—

« Intendant du 1er Corps à Guerre. — Paris.

« Strasbourg, le 28 juillet 1870, 7 h. 25, soir.

« Le 1er Corps doit se porter en avant ; je n'ai encore reçu ni un soldat du train, ni un ouvrier d'administration ; il est indispensable que ces moyens m'arrivent sans aucun retard.

« MM. les sous-intendants Geil, Bruyère et Fages ne sont pas encore arrivés. »

—

« Major général à Guerre. — Paris.

« Metz, le 29 juillet 1870, 5 h. 36, matin.

« Je manque de biscuit pour marcher en avant. — Dirigez sans retard sur Strasbourg tout ce que vous avez dans les places de l'intérieur. »

—

« Major général à Guerre. — Paris.

« Metz, le 29 juillet 1870, 10 h., matin.

« Le général de Failly réclame avec instance du campement ; les tentes-abris, couvertures, bidons, gamelles, sont en nombre insuffisant ; les hommes qui rejoignent le 5ᵉ Corps arrivent presque tous sans campement, sans marmites ; il estime qu'il lui faudrait du campement pour 5,000 hommes. »

—

Non-seulement il nous manquait des vivres, des munitions, du campement, de l'armement, des effets d'habillement ; mais nos états-majors n'avaient pas encore pu se procurer les cartes qui convenaient aux opérations militaires.

« Général commandant 2ᵉ Corps à Guerre. — Paris.

« Versailles, 21 juillet 1870, 8 h. 55, matin.

« Le dépôt envoie énormes paquets de cartes inutiles pour le moment ; n'avons pas une carte de la frontière de France ; serait préférable d'envoyer en plus grand nombre ce qui serait utile et dont nous manquons complètement. »

—

Les généraux désignés à la hâte non-seulement ne connaissaient pas leurs troupes, mais encore ne savaient où les trouver ; et, à peine nommés, ils recevaient l'ordre de se porter en avant :

« Général Michel à Guerre. — Paris..

« Belfort, 24 juillet 1870, 7 h. 30, matin.

« Suis arrivé à Belfort ; pas trouvé ma brigade, pas trouvé général de division. Que dois-je faire ? sais pas où sont mes régiments. »

—

« Général de Labastide au Général Douay, Paris, quai de Billy, 80.

« Belfort, 27 juillet 1870. 3 h. 57, matin.

« Général Labastide envoie au Général Douay la dépêche suivante :

« Le Major général au Général Douay, commandant 7e Corps.

« Où en êtes-vous de votre formation ? où sont vos divisions ? L'Empereur vous commande de hâter cette formation pour rejoindre le plus vite possible Mac-Mahon dans le Bas-Rhin. »

—

On retirait les garnisons de nos places fortes ; mai
elles n'étaient remplacées ni par des mobiles ni par des
gardes nationaux :

« Général Ducrot à Guerre. — Paris.

« Strasbourg, 20 juillet, 8 h. 30, matin.

« Demain il y aura à peine cinquante hommes pour
garder la place de Neubrisach et Fortmortier ; Schelestadt, la Petite-Pierre et Lichtemberg sont également
dégarnis : c'est la conséquence des ordres que nous
exécutons. Il serait facile de trouver des ressources
dans la garde nationale mobile et dans la garde nationale sédentaire ; mais je ne me crois pas autorisé à rien
faire, puisque Votre Excellence ne m'a donné aucun
pouvoir.

« Il paraît positif que les Prussiens occupent déjà les
défilés de la Forêt-Noire. »

———

La marine aurait pu faire une diversion utile ; mais
elle n'avait aucun renseignement ni sur la mer du
Nord, ni sur la Baltique :

« Vice-amiral commandant en chef à Marine. — Paris.

« Brest, 27 juillet 1870, 7 h. 55, soir.

« La Majorité de Brest est dépourvue des cartes du
Nord et Baltique ; il en faudrait onze séries à escadre
actuelle. »

———

Toutes ces dépêches n'ont pas besoin de commentaires pour montrer sous quels auspices nous commencions la campagne ; et, le 25 juillet, il y avait eu déjà des engagements d'avant-postes.

L'Empereur, arrivé à Metz le 28, adressa aussitôt à l'armée la proclamation suivante : -

« Soldats !

« Je viens me mettre à votre tête pour défendre l'Honneur et le sol de la Patrie !

« Vous allez combattre une des meilleures armées de l'Europe ; mais d'autres qui valaient autant qu'elle n'ont pu résister à votre bravoure, — il en sera de même aujourd'hui.

« La guerre qui commence sera longue et pénible, car elle aura pour théâtre des lieux hérissés d'obstacles et de forteresses ; mais rien n'est au-dessus des efforts persévérants des soldats d'Afrique, de Crimée, de Chine, du Mexique !

« Vous prouverez une fois de plus ce que peut une armée française animée du sentiment du devoir, maintenue par la discipline, enflammée par l'amour de la Patrie.

« Quel que soit le chemin que nous prenions hors de nos frontières, nous y trouverons les traces glorieuses de nos pères.

« Nous nous montrerons dignes d'eux.

« La France entière vous suit de ses vœux ardents, et l'Univers a les yeux sur vous.

« De nos succès dépend le sort de la liberté et de la civilisation.

« Soldats, que chacun fasse son devoir, et le Dieu des armées sera avec nous !

« Au Quartier Impérial de Metz,

« le 28 juillet 1870.

« NAPOLÉON. »

Au 28 juillet l'armée de Metz, qui devait avoir 150,000 n'en avait que 100,000 ; celle de Strasbourg, au lieu de 100,000 , était seulement de 40,000 ; et nous ignorions tout à fait les mouvements et la marche de l'ennemi. Pendant qu'il nous restait encore tant à faire , l'armée prussienne, — solidement constituée, — toujours organisée sur le pied de paix comme sur le pied de guerre, — orgueilleuse de ses derniers succès à Sadowa, — ayant ses chefs , — connaissant ses généraux, — embrigadée, — endivisionnée, — exercée, pouvait facilement rappeler ses réserves, comblait aussitôt les vides et présentait trois grandes armées :

La 1re, Général Steinmetz : 1er, 7e et 8e Corps , avec une division de cavalerie sur la Moselle.

La 2e, Prince Frédéric-Charles : Garde, 3e, 4e, 9e et 10e Corps sur la Nahe.

La 3e, Prince Royal de Prusse : 5e et 11e Corps ; 1er et 2e Bavarois, une division Wurtembergeoise et une division Badoise en face de Landau.

En arrière d'autres Corps, faisant partie de l'armée fédérale sous les ordres du Roi, se formaient pour compléter ces trois armées; et chacun de ces Corps ne contenant pas moins de 30,000 combattants, aux premiers bruits de guerre, prenaient leur place de bataille sur la frontière.

C'était au moins quinze corps à opposer aux six nôtres déployés de Strasbourg à Thionville, y compris la Garde, car le Général Douay, à peine formé, ne pouvait d'ailleurs être d'aucune utilité de ce côté, puisqu'il observait le Rhin entre Strasbourg et Bâle. En même temps le Maréchal Canrobert achevait de s'organiser au camp de Châlons.

Sur toute la ligne, environ 146,690 Français, n'ayant à compter pour le moment comme appui que sur le Corps Canrobert, étaient opposés à 390,000 Allemands soutenus par des réserves puissantes.

CHAPITRE III.

Commencement des opérations militaires : Reichoffen. — Rapport
du Maréchal Mac-Mahon à l'Empereur. Ordre du jour à son corps
d'armée. — Spichren. — Strasbourg. — Dépêches télégraphiques.
— Influence funeste de l'éparpillement de tous ces Corps à peine
formés sur la frontière. — Formation de deux armées.

Concentration de la 2e armée autour de Metz : Retraite du Maréchal
Mac-Mahon sur Châlons et du Maréchal Bazaine sur Metz. — Ligne
de la Moselle et de la Meurthe abandonnés. — Avantages que
pouvait présenter la défense de la Moselle. — Inconvénient de la
ligne de la Seille dans cette circonstance.

Parti à prendre après Reichoffen : Les événements marchaient, et
l'organisation de nos corps laissait encore beaucoup à désirer. —
Dépêches télégraphiques. — Observations présentées avant la
guerre. — Causes des avantages de la Prusse.

COMMENCEMENT DES OPÉRATIONS MILITAIRES.

Nous étions sous l'influence du succès insignifiant
de Saarbrück , quand survint un choc terrible auquel
personne ne s'attendait.

Malgré l'intrépide valeur du Maréchal Mac–Mahon ,
malgré la bravoure de ses troupes, il fut écrasé, le

6 août, à Reichoffen, par l'armée du Prince Royal, soutenue à droite par celle du Prince Frédéric-Charles.

Ci-joints, le rapport adressé par le Maréchal à l'Empereur et l'ordre du jour à son Corps d'armée après cette sanglante journée :

« Sire,

« J'ai l'honneur de rendre compte à Votre Majesté que le 6 août, après avoir été obligé d'évacuer la ville de Wissembourg, le 1er Corps, dans le but de couvrir le chemin de fer de Strasbourg à Bitche et les voies de communication principales qui relient le revers occidental des Vosges, occupait les positions suivantes :

« La 1re division était placée la droite en avant de Freischwiller, la gauche dans la direction de Reichoffen, appuyée à un bois qui couvre ce village ; elle détachait deux compagnies à Neunwiller et une à Jagersthol.

« La 2e division occupait avec sa 1re brigade un contrefort qui se détache de Freischwiller et se termine en pointe vers Guersdorff. La 2e brigade appuyait sa gauche à Freischwiller et sa droite au village d'Elsashausen.

« La 4e division formait une ligne brisée, à la droite de la 3e ; sa 1re brigade faisait face à Hunstedt, et sa 2e vis-à-vis du village de Forsbraun, qu'elle n'avait pu occuper faute de forces suffisantes.

« La division Dumesnil du 7e Corps, qui m'avait rejoint le 6 de grand matin, était placée en arrière de la 4e division.

« En réserve se trouvait la 2e division établie der-

rière la 2ᵉ brigade de la 3ᵉ division et la 1ʳᵉ brigade de
la 4ᵉ ; enfin, plus en arrière se trouvaient la brigade de
cavalerie légère sous les ordres du général de Septeuil
et la division de cuirassiers du général Bonnemains.
La brigade de cavalerie Michel, sous les ordres du général Duhesme, était établie en arrière de l'aile droite de
la 4ᵉ division.

« A sept heures du matin l'ennemi se présenta en
avant des hauteurs de Guersdorff et engagea l'action
par une canonnade bientôt suivie d'un feu de tirailleurs
assez vif contre la 1ʳᵉ et la 3ᵉ division.

« Cette attaque fut assez prononcée pour obliger la
1ʳᵉ division à faire un changement de front en avant
sur son aile droite, afin de tourner la position générale
de l'ennemi. Un peu plus tard l'ennemi augmenta considérablement le nombre de ses batteries, et ouvrit
le feu sur le centre des positions que nous occupions
sur la rive droite de la Sauerbach.

« Bien que plus sérieuse et plus fortement accentuée
que la première, qui se continuait d'ailleurs, cette
seconde démonstration n'était qu'une fausse attaque
qui fut vivement repoussée.

« Vers midi, l'ennemi prononça son attaque sur notre
droite : des nuées de tirailleurs, appuyées par des masses
considérables d'infanterie et protégées par plus de 60
pièces de canon placées sur la hauteur de Funstedtt,
s'élancèrent sur la 4ᵉ division et sur la 2ᵉ brigade qui
occupait le village d'Elsashausen.

« Malgré de vigoureux retours offensifs plusieurs fois
répétés, malgré les feux très-bien dirigés de l'artille-

rie et plusieurs charges brillantes des cuirassiers, notre droite fut débordée après plusieurs heures d'une
résistance opiniâtre.

« Il était quatre heures. J'ordonnai la retraite ; elle
fut protégée par les 1re et 3e divisions, qui firent bonne
contenance et permirent aux autres troupes de se retirer sans être trop vivement inquiétées.

« La retraite s'effectua sur Saverne par Niederbronn,
où la division Guyot de Lespart, du 5e Corps, qui venait
d'y arriver, prit position et ne se retira qu'après la nuit
close.

« Veuillez agréer,

« SIRE,

« l'hommage du profond respect de votre
« très-dévoué et très-fidèle sujet.

« Le commandant en chef des 1er, 5e et
7e corps d'armée,

« Maréchal MAC—MAHON. »

*Ordre du jour adressé par le Maréchal Mac—Mahon
à ses troupes après la journée du 6 août.*

« Soldats !

« Dans la journée du 6 août, la fortune a trompé
votre courage ; mais vous n'avez perdu vos positions
qu'après une résistance héroïque qui n'a pas duré
moins de 9 heures.

« Vous étiez 35,000 combattants contre au moins
150,000 ; vous avez été accablés par le nombre.

« Dans ces conditions, une défaite est glorieuse, et l'histoire dira qu'à la bataille de Reichoffen les Français ont déployé la plus grande valeur.

« Vous avez éprouvé des pertes sensibles, mais celles de l'ennemi sont plus considérables encore ; si vous n'avez pas été suivis, cherchez-en la cause dans le mal que vous lui avez fait.

« L'Empereur est content de vous, et le Pays tout entier vous est reconnaissant d'avoir si dignement soutenu l'honneur du drapeau.

« Nous venons d'être soumis à de rudes épreuves qu'il faut oublier. Le premier Corps va se reconstituer, et, Dieu aidant, nous reprendrons bientôt une éclatante revanche.

« Le Maréchal-commandant le 1er Corps d'armée,

« Signé : MAC-MAHON. »

En même temps le Général Frossard éprouvait un échec à Spichren en combattant seul contre deux Corps du Général Steinmetz et deux divisions du Prince Frédéric; deux divisions du 3e Corps ne purent arriver assez à temps pour lui porter secours. Ces deux échecs nous obligèrent à abandonner la frontière.

Strasbourg, après la retraite du Maréchal Mac-Mahon, restait avec une faible garnison ; mais ses habitants étaient bien résolus à se défendre, comme l'indique la dépêche ci-jointe :

« Préfet à Intérieur. — Paris.

« Strasbourg, 7 août, 10 h. 15 m., matin.

« La panique qui s'est produite hier soir à Strasbourg, par suite des mauvaises nouvelles venues de Haguenau, a cessé.— La population demande des armes ; j'ai promis d'armer et d'organiser aujourd'hui 4 ou 500 hommes de garde nationale.

« Nous n'avons presque pas de troupes : 1,500 à 2,000 hommes au plus. Si l'ennemi tente un coup de main sur la ville, nous nous défendrons. »

—

Le 8 août, le ministre de l'intérieur recevait des préfets du Jura et des Pyrénées-Orientales les télégrammes suivants :

« Préfet à Intérieur. — Paris.

« Lons-le-Saulnier, 6 août 1870, 10 h. 35 m., matin.

« Des corps de volontaires francs-tireurs ou gardes nationaux veulent se former ; partout on réclame des armes.

« L'émotion est ardente ; notre frontière est découverte, les Rousses sans garnison ; les bruits d'arrivée des Badois campés à Larnack se propagent. »

—

« Préfet à Intérieur. — Paris.

« Perpignan, le 8 août 1870, 2 h. 15, soir.

« Presque toutes les villes et frontières du département sont dépourvues de garnison ; cette situation crée des inquiétudes, et les populations murmurent de ce qu'on n'organise pas la garde nationale mobile. Il me paraît utile de rassurer promptement le pays, et je vous serais reconnaissant d'insister dans ce but auprès de votre collègue de la guerre : il y a réellement urgence à sortir d'une situation fausse. »

———

Quoique ces deux dernières dépêches aient été trop alarmantes dans la position de ces départements par rapport à l'ennemi, il est vrai que partout, au premier bruit de guerre, on aurait dû organiser les gardes mobiles, armer les gardes nationaux et autoriser en les régularisant toutes les créations de compagnies de francs-tireurs : c'était se donner des auxiliaires utiles et une réserve pour l'avenir.

Le désastre de Reichoffen fut le signal de nos pertes. Mac-Mahon avait lutté en héros avec 35,000 hommes contre 150,000 de l'armée du Prince Royal soutenus par un des corps du prince Frédéric-Charles ; épuisé par une lutte acharnée et inégale, il fit néanmoins une courageuse retraite sur Saverne. Au lieu de tenir compte, au début de la campagne, des enseignements qu'aurait dû donner la guerre de 1866 en Bohême, et d'opposer aux masses prussiennes de fortes armées, on avait disposé sur la frontière tous ces petits Corps qui n'étaient pas reliés entre eux, commandés par des Maréchaux ou des Généraux de division et agissant isolément.

L'Empereur, s'apercevant enfin que toutes ces

opérations partielles présentaient de graves inconvénients, forma deux armées : celle de droite , composée des 1er, 5e et 7e Corps, sous les ordres du Maréchal
Mac-Mahon.

Celle de gauche, comprenant les 2e, 3e et 4e Corps,
commandée par le Maréchal Bazaine.

La Garde, Général Bourbaki, et le 6e Corps, Maréchal
Canrobert, en réserve.

On renonça dès lors à l'offensive, et la retraite de
toute l'armée française fut décidée.

CONCENTRATION DE LA 2e ARMÉE AUTOUR DE METZ.

Le 7 août, l'Empereur réunit dans un conseil de
guerre les chefs de Corps d'armée.

Ils furent d'avis que l'on devait de suite se retirer sur Châlons, en livrant Metz à ses propres ressources.

Mais l'Empereur, considérant avec raison que l'abandon de cette place forte serait en France d'un déplorable
effet, ordonna de concentrer la 2e armée autour de Metz.

Ces deux projets étaient fâcheux :

Le 1er démoralisait les troupes en leur faisant faire
une longue marche en arrière, après des engagements
malheureux.

Le 2e donnait à nos adversaires sans combattre une
partie de la ligne de la Moselle et ouvrait la route de
Paris par Nancy et Frouard.

Pendant que le Maréchal Mac–Mahon repassait les Vosges pour se retirer sur Châlons, le Maréchal Bazaine, quittant alors d'excellentes positions sur la frontière, se repliait avec sa nouvelle armée afin de couvrir Metz; il était appuyé par la Garde.

Le 10 août, le Major général adressait au ministre de la guerre le télégramme suivant :

« Major général au ministre de la guerre. — Paris.

« Metz, 10 août 1870, 2 h. 15 m.

« L'Empereur ordonne de continuer sans interruption et sans aucune perte de temps le mouvement de toutes les divisions du camp de Châlons sur Metz.

« Que la Compagnie de l'Est fasse tous ses efforts pour hâter le mouvement par tous les moyens possibles.

« Je préviens le Maréchal Canrobert ; entendez–vous avec la Compagnie. »

—

Ce Maréchal, qui, s'étant déjà mis en route le 7 avril, avait reçu l'ordre de rentrer au camp de Châlons, repartit aussitôt de ce dernier point pour se diriger sur Metz par les voies ferrées ; vers le 12 août, pendant que le Maréchal Bazaine arrivait sous les murs de cette ville, le Maréchal Canrobert laissait derrière lui coupés à Pont-à-Mousson 3 régiments de la division Bisson, toute la réserve d'artillerie (8 batteries) et la division de cavalerie du corps d'armée (6 régiments) ; il lui restait tout au plus 18,000 hommes, très-peu d'artillerie et pas de cavalerie.

4

Cette retraite sur Metz du Maréchal Bazaine devait amener pour plus tard le blocus.

Nous attirions à nous l'armée du Général Steinmetz qui s'avançait lentement, pendant que le Prince Frédéric-Charles et le Prince Royal de Prusse, n'ayant plus devant eux que le Corps de Failly et les débris de Mac-Mahon, envahissaient l'Alsace et la Lorraine en faisant une conversion à droite, dont Steinmetz était le pivot.

La route de Sarreguemines à Paris par Nancy, défendue seulement par la petite forteresse de Marsal, devenait libre ; la Moselle et la Meurthe étaient abandonnées.

Il aurait mieux valu, je crois, en quittant la frontière, soutenir la retraite et couvrir Metz avec les 3e et 4e corps ; puis, coupant derrière soi les routes et les chemins de fer, diriger desuite sur Frouard le Corps Canrobert, faire filer par les voies les plus rapides la Garde et le 2e Corps, afin de les établir en arrière de la Moselle ; la droite de cette armée à Toul, ayant pour l'appuyer la forteresse et les excellentes positions essentiellement dominantes de Frouard, Liverdun, Marbache et Dieulouard, ainsi que celle de Mousson, défendant sur la rive droite le passage de la Moselle.

Ces points importants, en gardant les routes et les chemins de fer qui mènent vers Paris, protégeaient aussi la retraite du Maréchal Mac-Mahon et du Général de Failly, au-devant desquels le Maréchal Canrobert pouvait aller jusqu'à Nancy.

Metz occupé par le 2e Corps, flanqué au Nord et au Midi par les 3e et 4e, en continuant à achever et à armer promptement ses forts, se serait défendue avec sa garnison, sa garde nationale et ses mobiles, auxquels du reste il eût été facile de porter secours.

On empêchait ainsi le blocus, car le Général Steinmetz, ne pouvant attaquer Metz qu'à l'Est, n'aurait pas osé s'aventurer tout d'abord sous le canon des forts.

Dans cette hypothèse, après avoir quitté la frontière, l'armée du Maréchal Bazaine se serait trouvée ainsi disposée :

Le 4e Corps entre Thionville et Metz.

Le 3e — entre Metz et Pont-à-Mousson.

Le 2e — en réserve à Metz.

Le 6e — entre Pont-à-Mousson et Frouard.

La Garde en réserve à Pont-à-Mousson.

Le 5e Corps entre Frouard et Toul.

Et au besoin à Toul le 7e, Général Douay, qui revenait avec Mac-Mahon.

L'Alsace se défendait provisoirement avec ses places fortes.

Cette ligne était longue, mais parfaitement protégée par la Moselle, le canal et les inondations de la Seille. Occupant sur la rive gauche toutes les hauteurs qui dominent les deux rives de la Moselle, et observant avec des éclaireurs les points importants de la rive droite réunis par des ponts de bateaux, elle était inattaquable ; de plus, ayant sur ses flancs et à son centre trois places fortes : Metz, Toul et Thionville, reliées de bonnes routes, un chemin de fer et des lignes télégraphiques, elle se trouvait dans une position exceptionnelle et défendait facilement tous les passages.

La Seille, indiquée dans tous les cours d'art militaire comme étant une fort bonne ligne pour arrêter une invasion, devenait détestable dans cette circonstance. En se retirant sur la Seille, l'armée française, dont la droite pouvait être tournée par l'armée victorieuse du Prince Royal ou par celle du Prince Frédéric-Charles, se serait trouvée dans une situation des plus mauvaises, acculée sur Metz et prise entre les deux rivières.

La Moselle jusqu'à Toul, et au besoin la Meurthe jusqu'à Nancy, restaient les véritables lignes de défense après les événements qui venaient de se passer. C'était aussi le seul moyen de donner la main au Maréchal Mac-Mahon pour soutenir sa retraite.

Cette armée ainsi déployée pouvait sembler incapable d'arrêter une invasion comme Celle de l'armée prussienne ; mais sa force était triplée par les obstacles matériels qu'elle devait lui présenter. Dans tous les cas, elle lui opposait une forte barrière ; et, avant qu'elle eût été forcée, on pouvait espérer des renforts pour marcher au secours de Strasbourg qui résistait héroïquement.

Même si, disposant de forces considérables, les Prussiens avaient cherché à déborder notre droite pour venir nous prendre à revers, l'armée du Maréchal Bazaine, renforcée par les Corps Douay et de Failly, qui n'avaient pas soufferts à Reichoffen, se retirait dans le quadrilatère formé par les 4 places fortes de Metz, Thionville, Longwy et Verdun, au milieu desquelles l'ennemi aurait certainement hésité à venir l'attaquer.

Ce mouvement devait s'exécuter très-rapidement à l'aide des chemins de fer et des bonnes routes dont nous disposions ; de plus, nos flancs et nos ailes se trouvaient couverts d'un côté par la Moselle, de l'autre par la Meuse.

Strasbourg, Neufbrisach, Schelestadt, Belfort, Toul et toutes nos forteresses de l'Est coupaient les routes et ralentissaient la marche de l'ennemi qui, laissant sur son flanc droit cette imposante armée, devait aussi s'attendre à rencontrer de nouvelles forces au camp de Châlons.

PARTI A PRENDRE APRÈS REICHOFFEN.

Après Reichoffen, il n'y avait plus à s'illusionner sur notre infériorité numérique : les 3 armées prussiennes étaient en France, appuyées par de fortes réserves ; elles fournissaient déjà un effectif d'au moins 500,000 hommes, et nous avions en moins le Corps de Mac-Mahon, détruit par notre première défaite.

Il nous restait donc une armée d'environ 160,000 hommes avec les Corps de Failly, Douay, Canrobert, Frossard, Decaen, Ladmirault et la Garde.

Sans perdre de temps, il aurait fallu rappeler aussitôt tous les anciens soldats jusqu'à 35 ans, et reformer en arrière des Ardennes et de la Meuse ou au camp de Châlons deux nouvelles armées fortes de 150,000 hommes chacune, en prenant des cadres dans les deux premières.

Aux Vosges, de solides compagnies de francs-tireurs, bien dirigées, seraient devenues très-utiles pour harceler l'ennemi; et toutes nos places de guerre auraient dû être fortement occupées, approvisionnées et munies de bonnes casemates-abris pour les habitants.

Les événements marchaient, et cependant l'organisation de nos Corps était encore très-incomplète, comme le prouvent les dépêches télégraphiques suivantes :

« Intendant du 7ᵉ Corps à Guerre. — Páris.

« Belfort, le 4 août 1870, 7 h. 6 m., soir.

« Le 7ᵉ Corps n'a pas d'infirmiers, pas d'ouvriers, pas de train ; les troupes font mouvement ; je pare autant que possible à la situation, mais il est urgent d'envoyer un personnel à Belfort. »

—

« Guerre à général Mitrécé, directeur des parcs de l'armée du Rhin. — Toul.

« Paris, le 4 août 1870, 10 h. 5.

« Suspendez jusqu'à nouvel ordre tout travail d'approvisionnement des casemates de Toul, et ne faites aucune dépense à ce sujet. »

—

« Général subdivision à général division. — Metz.

« Verdun, le 7 août 1870, 5 h. 45, soir.

« Il manque à Verdun comme approvisionnement de siége : vin, eau-de-vie, sucre, café, lard, légumes secs, viande fraîche. Prière de pourvoir d'urgence pour 4,000 hommes. »

———

« Intendant sixième Corps à Guerre. — Paris.

« Camp de Châlons, 8 août 1870, 10 h. 35 m., matin.

« Je reçois de l'intendant en chef de l'armée du Rhin la demande de 400,000 rations de biscuit et vivres de campagne.

« Je n'ai pas une ration de biscuit ni de vivres de campagne, à l'exception du sucre et du café. Décidez si je dois envoyer. »

———

« Guerre à Major général. — Armée du Rhin.

« Paris, le 8 août 1870, 6 h. 45 m. soir.

« Le commandant de la place de Thionville fait connaître qu'il vient de déclarer la ville en état de siége ; il demande des renforts : la garnison, qui devait être de 4 à 5,000 hommes, n'en a que 1,000, dont 600 mobiles,

90 douaniers et 300 cavaliers ou artilleurs non instruits. »

—

A Lyon . nous avons des troupes disponibles et inutiles dans cette ville.

« Général commandant la 3ᵉ division
à Guerre. — Paris.

« Lyon, le 10 août 1870.

« La population ne s'explique pas la surabondance de troupes en ce moment à Lyon. Le commandant du 7ᵉ Corps désire ma présence, et je demande à le rejoindre avec la 3ᵉ division que je commande. »

—

« Maréchal Canrobert à Guerre. — Paris.

« Camp de Châlons, le 10 août 1870.

« Votre Excellence n'ignore pas que beaucoup d'isolés, malades ou blessés sont dirigés sur le camp de Châlons. Je continue à n'avoir ni marmites ni gamelles, et ils sont dépourvus de tout : mon devoir est de vous en informer ; nous n'avons ni sacs de couchage, ni assez de chemises, ni assez de chaussures. »

—

Dans toutes les administrations on travaillait activement ; mais, en France, l'état de paix ressemble si peu
au pied de guerre que l'on s'apercevait chaque jour
qu'il restait encore beaucoup à faire.

Je me permettrai de rappeler ici quelques phrases
que j'ai prononcées à une conférence au ministère de
la guerre, le 16 décembre 1869, parce qu'elles ont rapport à la situation.

Je disais en concluant (1) :

« Il serait à désirer que l'armée fût toujours prête à
entrer en campagne. Avec les voies ferrées, en très-peu
de temps, des forces considérables peuvent être con-
centrées sur un point déterminé : ce n'est pas là le plus
difficile ; mais le plus grave inconvénient existe lorsque
cette armée, n'étant pas sur le pied de guerre, n'a que
quelques jours pour se former ; les chefs, désignés à la
hâte, ne connaissent pas leurs troupes, et réciproque-
ment ; *le désordre existe partout, on perd un temps précieux,
et il est à remarquer que c'est toujours au moment où on s'y
attend le moins que la guerre éclate.* . . . .

« Les effectifs de paix diffèrent nécessairement des
effectifs de guerre ; mais, en ayant constamment des
bataillons ou des escadrons mobilisés d'après un tour
régulier, toujours munis de leur matériel de campagne,
en évitant surtout les formalités inutiles qui font que
les réserves et les congédiés mettent un temps infini

---

(1) Rôle de la cavalerie combinée avec les autres armes sous l'influence du nouvel armement (reproduction dans la Revue militaire
française, n° du 1er mars 1870).

pour rejoindre l'armée active, on passerait sans secousse du pied de paix au pied de guerre.

« Quant aux magasins de l'Etat, ils devraient toujours être approvisionnés d'après les effectifs de guerre, en comblant au fur et à mesure les vides produits par les besoins journaliers.

« Cette *mobilisation* permanente de l'armée présenterait de suite des corps d'armée organisés ; les régiments embrigadés seraient sous les ordres des généraux de division et de brigade commandant pendant la paix les divisions ou subdivisions territoriales, qui seraient confiées pendant la guerre à des généraux pris dans le cadre de réserve.

« Outre les camps d'instruction de Châlons, de Lyon, et les divisions actives de Lunéville et de Versailles, on devrait se procurer, partout où cela serait possible, des terrains assez vastes pour réunir chaque année pendant un mois au moins les troupes de toutes les armes, afin de les exercer aux différentes opérations de la guerre.

« Les généraux s'habitueraient à manœuvrer des masses, les intendants à les faire vivre ; et il s'établirait entre les chefs et les subordonnés de tout grade une confiance réciproque si utile en face de l'ennemi. . . .

. . . . »

J'ajouterai que si la Prusse a maintenant sur nous des avantages aussi considérables, c'est parce qu'ayant étudié la guerre pendant la paix, elle s'est soigneusement préoccupée de tous les moindres détails ; — parce que l'organisation de son armée lui permet d'avoir sous les armes deux millions d'hommes sans faire appel à

la nation ; — parce que, chez elle, on discute froidement
et pour conclure ; — parce que le respect des lois qui
règne dans toutes les classes prépare l'armée à une
discipline sévère; — parce qu'enfin son esprit national prime tous les intérêts particuliers.

Avec les tendances libérales de notre époque, per-
verties par les écrits malsains répandus depuis quelques
années dans toutes les classes , nous avions pour
résister à tant de choses positives et à une supériorité
numérique écrasante : de la Bravoure !

Et ce n'est qu'après la destruction complète de
l'armée de Sédan, – quand celle de Metz eût été bloquée,
— lorsque Paris fut réellement menacé : qu'en France
on commença sérieusement à s'inquiéter.

A la suite de notre première défaite : la trop grande
impatience d'un succès, — un esprit d'opposition inop-
portun, — un profond égoïsme qui porta chacun à attendre qu'il vît chez lui les avant-postes prussiens pour
prendre les armes, firent que l'on ne sut pas tirer parti
des immenses sacrifices qui furent faits ensuite , pour
anéantir l'ennemi par une défense énergique et simul-
tanée.

Pendant que le gouvernement du 4 septembre, qui
avait usurpé le pouvoir sans le consentement de la
Nation, organisait cependant à Paris une vigoureuse
résistance, la province était soumise à l'incapacité de
son délégué : M. Gambetta y déployait une énergie
fébrile, — s'y arrogeait des droits dictatoriaux , —
imprimait aux affaires militaires une direction arbi-
traire,—et présentait aux forces prussiennes des armées

à peine formées , — mal équipées, — dépourvues de tout , — dont surtout il gênait les généraux en leur imposant son impulsion inhabile et despotique.

La France pourra perdre ainsi son dernier homme, son dernier écu. follement, mais sans succès.

Du fond de ma captivité, triste spectateur d'une des plus grandes guerres qui ait jamais été entreprise, profondément affligé des maux qui accablent ma Patrie, j'ai le chagrin de ne pouvoir plus la servir : mais je suis rempli de reconnaissance pour ces braves jeunes gens qui ont prouvé en combattant dans d'aussi mauvaises conditions, combien il y avait de vitalité chez nous.

Cette expérience, chèrement achetée, a démontré une fois de plus qu'une bonne et forte armée était indispensable à un grand Pays, pour défendre son Indépendance , — sauvegarder sa Nationalité , — ou maintenir l'Ordre à l'intérieur.

Et pour lutter avec succès contre des troupes disciplinées, — aguerries, — commandées par de bons officiers, et joignant à l'avantage du nombre des qualités physiques redoutables : il ne suffit pas seulement d'être Brave : mais il faut encore avoir acquis pendant la Paix, par des études sérieuses, l'habitude nécessaire pour surmonter les difficultés qui se présentent constamment à la Guerre.

C'est seulement ainsi que l'on peut compter sur la Victoire !

CHAPITRE IV

FAUTES COMMISES APRÈS NOS PREMIERS REVERS.

Après la glorieuse mais malheureuse bataille de Reichoffen et notre échec de Spicheren, la France, qui s'attendait à des succès, demeura stupéfaite, et quoique quelques départements aient montré un élan patriotique et national, on perdit un temps précieux, et les Prussiens s'avançaient toujours.

L'Empereur, comprenant bien que s'il rentrait à Paris, on lui demanderait un compte sévère des fautes commises, laissa son Quartier Impérial à Metz, où sa présence ne fit qu'embarrasser ; depuis le commencement de la campagne il eût été mieux placé à Nancy avec la Garde en réserve.

Dans ces conditions, il résolut de ramener la 2e armée au camp de Châlons, où elle devait se réunir à celle du Maréchal Mac-Mahon.

Mais dès que l'Empereur vit que son 1er plan, qui était d'envahir par le duché de Bade, avait échoué, il me semble qu'il aurait dû ordonner à ses Maréchaux de se retirer en arrière de la Moselle, comme je l'ai indiqué au chapitre précédent, se rappeler que, dans plusieurs occasions, par son énergie il avait souvent conjuré le danger, puis retourner à Paris pour organiser lui-même deux nouvelles armées.

Et, se faisant précéder d'une chaleureuse proclamation dans laquelle il aurait avoué hautement la vérité, il pouvait dire, en s'adressant à tous les Français :

Malgré l'intrépidité de nos troupes et l'héroïque valeur du Maréchal Mac-Mahon, nous avons éprouvé un échec.

Les Prussiens avec une supériorité numérique considérable ont envahi la Lorraine et l'Alsace ; mais l'armée, dont j'ai confié le commandement au Maréchal Bazaine, les arrêtera dans les bonnes positions qu'elle occupe.

Je reviens momentanément au milieu de vous pour réunir promptement, avec le concours de la Nation, de nouvelles forces, afin de reprendre au plus tôt l'offensive.

Je n'ai en vue que le sort de la France.

Et je fais loyalement appel à tous les partis, auxquels notre Honneur National est également cher pour qu'avec nos vaillants soldats, nous puissions bientôt trouver une éclatante revanche (1) !

(1) La dépêche ci-contre fut trouvée en morceaux au palais de Saint-Cloud :

L'Empereur, en parlant aussi franchement au pays, se serait rallié la partie saine de la Nation, se serait appuyé sur elle pour réparer les échecs, et aurait augmenté encore la confiance des troupes, qui depuis le commencement de la campagne, fatiguées de marches et de contre-marches, vivaient dans une ignorance complète des événements, et surtout de la position de l'ennemi.

En enveloppant d'un voile mystérieux nos premiers désastres, annoncés avec exagération et effroi par des fuyards de l'armée, on laissa la France dans l'incertitude sur les dangers qui la menaçaient.

Aux fautes politiques s'ajoutèrent les fautes militaires : au lieu de considérer la Moselle comme une ligne de défense sérieuse et de compter sur elle pour ramener le succès, la retraite sur Metz de toute l'armée du Maréchal Bazaine s'opérait lentement et en bon ordre, mais par des temps affreux qui privaient les troupes de repos ; on devait se retirer de là sur le camp de Châlons.

BATAILLE DE BORNY.

Ces lenteurs, qui avaient peut-être pour but de donner à Metz le temps d'organiser une défense fort

« L'Impératrice à l'Empereur.

« Je reçois une dépêche de Piétri : avez-vous réfléchi à toutes les conséquences qu'amènerait votre rentrée à Paris après deux revers ?

« Pour moi, je n'ose prendre la responsabilité[1] n conseil. Si vous vous y décidez, il faudrait au moins que la mesure fût présentée au pays comme provisoire : « L'Empereur revenant à Paris pour réor-« ganiser la 2e armée et confiant provisoirement le commandement « de l'armée du Rhin à Bazaine. »

incomplète permirent à la 2e armée allemande de s'avancer ; le 14 août, le Général Steinmetz, sachant que le Prince Frédéric-Charles s'approchait, poussa vigoureusement nos arrière-gardes; et vers 4 heures la bataille s'engagea dans la plaine de Borny.

Depuis midi l'armée de Steinmetz occupait de bonnes positions à l'Est de Metz, une nombreuse cavalerie couvrait ses ailes, et sa gauche était appuyée à l'armée du Prince Frédéric-Charles établie sur les deux rives de la Moselle, qu'elle avait passée à Pont-à-Mousson, Noveant et sur le pont du chemin de fer au-dessous d'Ars–sur-Moselle. Ces deux armées étaient séparées par les débordements de la Seille.

Les 3e et 4e Corps français, soutenus par la Garde, reçurent l'attaque ; on prit et reprit plusieurs fois les hauteurs de Colombey, Coincy, Noiseville, Servigny, et c'est là que se localisa le combat.

Les forts de Saint–Julien et de Queuleu, à peine terminés et très-mal armés, appuyaient nos ailes.

Cependant, vers la nuit, les Prussiens, cherchant à tourner notre aile gauche, furent repoussés par le Général de Ladmirault, commandant le 4e Corps; et après une lutte acharnée qui dura jusqu'à 9 heures du soir, nous conservâmes nos positions.

Le Général Decaen, qui avait remplacé le Maréchal Bazaine dans le commandement du 3e Corps, le Général de Castagny, commandant la 2e division, et le Général de Clérambault, la cavalerie de ce Corps, furent blessés à la tête de leurs troupes. Le colonel Fourrier, du 44e, fut tué, et nos mitrailleuses firent subir des pertes sensibles à l'ennemi.

Le Général Decaen mourut quelques jours après des suites de ses blessures ; le commandement de son Corps revint au Maréchal le Bœuf (1).

La nuit mit fin au combat, et l'ennemi nous livrait les positions que nous avions attaquées, quand le Maréchal Bazaine, retirant aussitôt une partie de ses troupes, fit passer la Garde et le 3e Corps de l'autre côté de Metz, afin de les réunir aux 2e et 6e Corps pour les porter au-devant du Prince Frédéric-Charles, qui, menaçant d'attaquer Metz à l'Ouest, pouvait nous couper la route de Verdun. Ce mouvement, commencé immédiatement après la bataille, fut à peine terminé le lendemain dans la matinée.

Le 15, au point du jour, il y eut un engagement insignifiant sur la rive droite, entre le Corps du Général de Ladmirault et l'armée de Steinmetz : « Steinmetz m'amuse, dit le Maréchal ; ce n'est pas là qu'est l'action principale ». Il ne s'occupa plus sérieusement des Prussiens sur la rive droite, laissa Ladmirault pour les obser-

(1) Le ministre de l'intérieur annonçait ainsi à Paris cette bataille :

« Paris, 15 août, midi.

« Les Corps des généraux de Ladmirault, Decaen et la Garde ont été engagés dans le combat d'hier. Le Maréchal s'était porté de sa personne sur le lieu de la lutte.

« L'ennemi a été repoussé après un combat de 4 heures. — L'entrain des troupes a été admirable.

« Pour copie conforme :

« Le ministre de l'intérieur,
« Henri CHEVREAU. »

5

ver, et dirigea tous ses efforts vers le Prince Frédéric sur la rive gauche, prévoyant bien que ce général chercherait à lui couper la route de Verdun.

Il est regrettable que la bataille du 14 n'ait pas commencé plus tôt, afin de nous donner le temps de rendre la lutte plus décisive.

On a reproché au Maréchal de n'avoir pas mieux profité de son succès du 15, et de ne pas s'être assez préoccupé de cette armée sur la rive droite. Il est vrai qu'il avait aussi à s'inquiéter de Frédéric-Charles, maître de la Moselle, et dont l'armée, composée de cinq Corps, menaçait Metz vers Montigny.

On n'avait pas de nouvelles du Prince Royal qui, poussant Mac-Mahon devant lui, pouvait au bruit du canon venir au secours du Prince Frédéric : le Maréchal Bazaine devait donc craindre d'avoir autour de lui 3 armées. L'Empereur était encore à Metz ; il voulait aussi éviter de l'y laisser enfermer.

Cependant, en attaquant vigoureusement le lendemain l'armée de Steinmetz avec les 3 Corps qui s'étaient battus la veille à Borny, on devait peut-être l'anéantir, et le Prince Frédéric, dont l'armée était à cheval sur la Moselle, se serait trouvé dans une position très-embarrassante.

Sachant Steinmetz engagé, il ne pouvait s'éloigner ; de plus, ayant devant lui les 2e et 6e Corps, il avait aussi à craindre de se voir attaqué et repoussé des bonnes positions qu'il occupait déjà.

Le Général Steinmetz défait, le Prince Frédéric, perdant son point d'appui à droite, était obligé de repasser la Moselle et de s'y établir sur la rive gauche, mais sans entreprendre le mouvement en avant qui décida le 16 la bataille de Rézonville.

L'indifférence que le Maréchal Bazaine montra envers Steinmetz le 16, fit que ce Général, se reformant aussitôt, repassa la Seille et la Moselle pour soutenir la droite du Prince Frédéric qui vint menacer la route de Verdun.

Après la bataille de Borny, les 2e, 6e Corps et la Garde de l'armée française étaient échelonnés le 15 au soir sur la rive gauche de la Moselle, faisant face à Verdun : entre Mars-la-Tour , Vionville , Rézonville et Gravelotte, couverts par la cavalerie du général de Forton. Le 3e Corps devait occuper Verneville, et le 4e s'avancer vers Doncourt sur la route d'Etain, couverts par la cavalerie du général du Barail.

En quittant Metz, la route de Verdun devient accidentée et monte par une pente assez raide sur le plateau de Gravelotte, protégée pendant une partie de son parcours par le feu du fort Saint-Quentin ; vers Gravelotte elle se bifurque : l'un de ses embranchements passe à Mars-la-Tour, l'autre à Etain; la route de Mars-la-Tour laisse sur sa gauche les bois de Vaux, des Ognons, de Saint-Arnould et de Gorze , traversés par des ravins perpendiculaires au cours de la Moselle, qui rendent l'accès du plateau difficile ; cependant ces bois sont un rideau excellent pour favoriser une surprise et dissimuler des troupes.

Le 15 il y eut, au delà de Vionville. entre l'avant-garde des deux armées un engagement de cavalerie et d'artillerie qui dura quelques heures , mais sans résultat de part et d'autre.

L'Empereur, accompagné du Prince Impérial, quitta Metz le 14 et vint établir son quartier général à Longeville ; il adressa aux habitants la proclamation suivante :

« En vous quittant pour combattre l'ennemi, je confie à votre patriotisme la défense de cette grande cité.

« Vous ne permettrez pas que l'étranger s'empare de ce boulevard de la France, et vous rivaliserez de dévouement et de courage avec l'armée.

« Je conserverai le souvenir reconnaissant de l'accueil que j'ai trouvé dans vos murs, et j'espère que dans des temps plus heureux je pourrai revenir vous remercier de votre noble conduite.

« Au quartier impérial, à Metz, 14 août 1870.

« NAPOLÉON. »

Le 15 au soir le Quartier Impérial était à Gravelotte, et, le 16 au matin, l'Empereur avec tout son état-major prenait la route de Verdun par Etain.

BATAILLE DE RÉZONVILLE.

Le même jour, à 9 heures du matin, les Prussiens attaquèrent la division de cavalerie du général de Forton à Vionville : ce fut le signal d'une nouvelle bataille dans laquelle les 2e, 6e Corps et la Garde furent les premiers engagés ; le 3e Corps sous les ordres du Maréchal

Le Bœuf n'arriva en ligne que plus tard et soutint successivement les ailes ; enfin le 4e Corps, qui était resté sur la rive droite avec le général de Ladmirault pour observer Steinmetz, ne rejoignit qu'au milieu de la journée, mais il prit néanmoins avec le 3e une part active à la lutte et vint renforcer l'aile droite.

L'armée française luttait contre des forces très-supérieures, puisqu'elle avait devant elle d'abord toute l'armée du Prince Frédéric-Charles, puis celle de Steinmetz qui, après avoir passé la Moselle, appuyait la droite du Prince. L'armée prussienne était donc d'environ 220,000 hommes, et nous avions à lui opposer en rase campagne, sans détacher la garnison de la ville et des forts, tout au plus 110,000 hommes, en comprenant même les soldats de la réserve qui rejoignirent à Metz.

La bataille du 16 peut être considérée comme un des plus sérieux engagements de la campagne.

L'action débutant très-vivement, tout faisait supposer que le champ de bataille aurait une grande extension.

L'armée prussienne, quand elle veut engager une affaire vigoureuse, pousse d'abord ses éclaireurs aussi près que possible pour essayer de surprendre ou d'enlever les avant-postes ; puis, profitant des moindres sinuosités du terrain, elle fait avancer toute son artillerie légère, qui commence le feu dès qu'elle croit être à portée suffisante.

Pendant ce temps, les batteries de gros calibre s'établissent et choisissent les points qui leur paraissent être les plus favorables.

A Rézonville, l'attaque eut lieu sur le centre et le..

ailes. La division Forton s'étant ralliée en arrière du 2e Corps, le Maréchal lui donna l'ordre de soutenir l'aile droite jusqu'au moment de l'arrivée en ligne du 3e Corps, qui devait parcourir un trajet plus considérable.

Au centre, vers midi, à hauteur du village de Rézonville, le 2e Corps, soutenant l'attaque dès le commencement, était engagé sous un feu terrible et faisait des pertes considérables. Le général Bataille venait d'avoir deux chevaux tués ; enfin, blessé lui-même grièvement et obligé de se retirer, sa division faiblit ; ce fut alors que le Maréchal Bazaine lança à la charge les cuirassiers de la garde contre l'infanterie prussienne, qui, s'avançant en bon ordre, allait s'emparer du village de Rézonville.

Cette infanterie menacée forma aussitôt le carré : les cuirassiers s'établirent sur 3 lignes et chargèrent successivement sans le concours de l'artillerie. Ils eurent 18 officiers hors de combat dont 10 tués, 8 blessés et plus de 250 cavaliers tués ou blessés.

Cette charge des plus énergiques eut un résultat important : notre artillerie reprit de bonnes positions, foudroya à son tour l'ennemi, et l'infanterie du général Frossard (2e Corps) put se reporter en avant du village de Rézonville (1).

(1) Pour témoigner mes sincères sympathies à un brave régiment avec lequel j'ai eu l'honneur de combattre, et rappeler en même temps le souvenir de vaillants camarades qui se sont fait tuer glorieusement sur les baïonnettes prussiennes, je reproduis un extrait du journal de marche des cuirassiers de la Garde, relatif à cette chaude affaire :

A l'aile droite, avant l'arrivée en ligne du 3e Corps, l'artillerie ennemie avait fait beaucoup de mal à des batteries du 8e régiment, et les cuirassiers de Brandebourg les chargeaient pour les enlever, quand des escadrons des 1er et 9e dragons de la division Forton, lancés

« .... Nos cavaliers, à cheval depuis le matin, s'avançaient avec le calme de gens résolus.

« Ils étaient près de la première ligne, et déjà des obus avaient éclaté dans leurs rangs sans altérer leur sang-froid, quand le Maréchal Bazaine ordonna de charger à tout prix pour arrêter l'ennemi qui s'avançait et gagnait du terrain.

« Il n'y a pas une minute, pas une seconde à perdre : « En avant les cuirassiers » ! s'écrie le général du Preuil.

« Ils sont sur trois lignes : 4e et 6e escadrons en première ligne, 2e et 3e en deuxième, 1er en troisième ligne, à environ 1,000 à 1,100 mètres de l'ennemi. C'est à peine si on le distingue, il semble une haie à l'horizon.

« Les deux escadrons de la 1re ligne (le 4e : capitaine commandant Thomas; le 6e : capitaine commandant Roussange), ayant avec eux le lieutenant-colonel Letourneur et le commandant Sahuquet, entraînés par leurs chefs, partent au galop et poussent la charge dès qu'ils sont à 400 mètres de l'ennemi ; lancés avec une vigueur inouie, ils abordent l'infanterie qui a formé aussitôt, et avec la régularité du terrain de manœuvre, trois carrés disposés en échiquier ; ces carrés sont appuyés à chaque aile par de l'artillerie et soutenus en arrière par des escadrons de hussards.

« Les cuirassiers s'approchent et sont à bout portant ; les Prussiens, qui n'ont pas encore tiré un coup de fusil, se serrent sur trois rangs et font feu ; ce fut alors une de ces mêlées fantastiques qui n'existent le plus souvent que dans l'imagination des écrivains.

« Le 1er rang du 4e escadron est composé d'officiers ; ils sont tous tués ou blessés ; le 2e rang éprouve à peu près le même sort.

« Le lieutenant-colonel Letourneur et le commandant Sahuquet, qui chargent avec la 1re ligne, tombent blessés mortellement.

« Sur sept officiers du 4e escadron, cinq, les lieutenants Bonherbe et Barreau ; les sous-lieutenants Leclerc, Cornejoulx et Faralicq, promptement à la charge, vinrent arrêter et sabrer leurs têtes de colonne. Des uhlans cherchèrent aussitôt à dégager les cuirassiers ; au même instant le 7ᵉ cuirassiers français de la même division et un escadron du 10ᵉ prirent à leur tour part à la lutte. Les uhlans

ont leurs chevaux tués et tombent morts ou blessés grièvement au pouvoir de l'ennemi ; le capitaine commandant Thomas, blessé assez fortement, seul des officiers du 1er rang resté à cheval, traverse la 1re ligne, suivi par le capitaine en 2e Masson et le maréchal des logis chef Langlaude, et entraîne les quelques cuirassiers de l'escadron qui n'ont pas été atteints par les projectiles ennemis, il tournent le carré de la 2e ligne, et puis reviennent en ripostant au coup de sabre des hussards qui les chargent en fourrageurs ; enfin ces intrépides cavaliers sont hors de danger ; un régiment d'infanterie, le 77e, témoin de ce carnage, crible de balles les hussards prussiens et les met en déroute.

« Au 4e escadron, parmi les officiers il n'y a que le capitaine en 2e Masson qui soit épargné, mais une balle a enlevé l'épaulière de sa cuirasse et son cheval est blessé ; le maréchal des logis chef Langlaude est blessé.

« Tous les sous-officiers sont tués ou horriblement mutilés. De 13 brigadiers, 9 restent sur le champ de bataille blessés mortellement ; des 4 qui reviennent, deux sont blessés, les 2 autres ont leurs chevaux tués ; de cent cavaliers, il en reste à peine 20 valides.

« Le 6e escadron est aussi très-éprouvé ; le capitaine commandant Roussange a son cheval blessé, le capitaine en 2e Gudin tombe sous son cheval tué, le sous-lieutenant Bauvin est blessé, quelques cavaliers sont tués ou blessés, beaucoup de chevaux s'affaissent percés par les projectiles.

« La 2e ligne appuie la première et arrive franchement à la charge : le général du Preuil se met en avant d'elle et charge la canne à la main ; à ses côtés le colonel Dupressoir a son cheval blessé ; il remonte aussitôt sous le feu un cheval que lui offre un cuirassier ; le commandant de Verges a son cheval tué ; son épaulette et ses vêtements sont percés de balles ; une seule l'atteint légèrement à la tête ; il saute sur le cheval d'un brigadier mort et rejoint ses escadrons.

purent se dégager ; mais les cuirassiers de Brandebourg firent des pertes considérables ; nos cavaliers combattirent corps à corps et à l'arme blanche.

Vers 3 heures, le 4e Corps arrivait en ligne, et l'action s'étendit jusqu'à hauteur de Mars-la-Tour. L'aile droite se trouvant alors menacée par la cavalerie ennemie qui

« Les capitaines commandants Laborde et Barois, des 2e et 3e escadrons, sont blessés, ainsi que les sous-lieutenants de Crouy et de Fromessant ; le lieutenant Boudeville et le sous-lieutenant Michaux sont tués ; les lieutenants Davesnes et Mégard ont leurs chevaux tués.

« La 2e ligne rencontre comme nouvel obstacle les corps des hommes et des chevaux morts ou blessés, qui forment comme un rempart derrière lequel s'abritent les Prussiens ; sa charge est ralentie, mais pas arrêtée ; quoiqu'elle ait déjà reçu le feu des batteries ennemies, ses pertes en hommes et en chevaux sont énormes, cependant moins fortes que celles de la première.

« Le 1er escadron, commandé par le capitaine Baréneau, arrive à son tour en 3e ligne à la charge ; les deux premiers ont reçu presque tous les projectiles ; il en reste cependant encore pour lui, et il a à lutter contre les hussards qui, repoussés par le feu de notre infanterie, s'étaient ralliés et rechargeaient de nouveau.

« Le capitaine en 2e Casadovan est blessé, quelques cavaliers sont tués ou blessés.

« Cet épisode de la bataille est une page honorable pour les cuirassiers de la Garde ; ils ont eu à combattre des carrés d'infanterie intacts, garnis de tout leur feu, soutenus par des pièces chargées à mitraille et appuyés par de la cavalerie... »

« Les cuirassiers de la Garde, disait le *Moniteur de la Moselle*, ont rappelé la charge immortelle des cuirassiers de Waterloo, et à Rézonville ils assurèrent la victoire du 2e Corps, de même qu'à Reichoffen leurs frères d'armes s'étaient dévoués à une mort certaine pour sauver les débris de l'armée de Mac-Mahon.

« Ces vaillants soldats ont prouvé que, malgré tous les engins nouveaux de destruction, des hommes de cœur aborderont toujours l'ennemi, quand il faudra vaincre ou mourir .... »

cherchait à la déborder, le général Ladmirault donna ordre au général Legrand de charger avec sa division de cavalerie.

Ce général, qui commandait les 2 et 7ᵉ hussards, les 3ᵉ et 11ᵉ dragons, s'élança aussitôt, à la tête de ses cavaliers, à la rencontre des escadrons ennemis. Une fin glorieuse devait couronner son audacieuse valeur : il tomba mort, et, à ses côtés, le général de Montaigu fut blessé grièvement ; autour d'eux beaucoup d'officiers ou de cavaliers tués ou blessés.

Ces deux régiments de cavalerie si bien entraînés par leurs chefs fondirent sur les dragons prussiens, trouèrent leurs masses épaisses, et reparurent enfin après les avoir mis en déroute.

Les lanciers de la Garde et les dragons de l'Impératrice, qui venaient de reconduire l'Empereur, prirent part à leur tour à cette infernale mêlée.

Le colonel de Latheulade, des lanciers de la Garde, fut blessé en tête de son régiment, et laissa sur le champ de bataille 14 officiers tués ou blessés. Le colonel du Part chargea avec les dragons de l'Impératrice ; il fut blessé et eut son cheval tué ; à ses côtés tomba mort le lieutenant-colonel de Lachapelle.

Dans cette bataille, une des plus mémorables du siècle, même au dire des rapports Prussiens, toutes les armes rivalisèrent d'énergie et de bravoure ; la cavalerie du maréchal Bazaine, surtout, se montra digne des intrépides cavaliers de Mac-Mahon à Reichoffen.

On remplirait des pages pour rappeler les efforts

héroïques de l'armée dans cette lutte grandiose ; mais il faudrait avoir entre les mains les journaux de marche de tous les régiments d'infanterie, de cavalerie et des batteries d'artillerie qui ont pris une part si active à ces combats de géants.

La journée du 16, appelée par les Français bataille de Rézonville, et par les Allemands bataille de Mars-la-Tour, s'était livrée à Mars-la-Tour, Vionville, Trouville et Rézonville. L'armée prussienne, cherchant à déboucher par les bois de Gorze, avait d'abord essayé de tourner notre aile gauche pour nous isoler de Metz ; ensuite elle tenta de percer notre centre, et enfin de déborder notre aile droite.

Le soir, vers 7 heures, quand tout semblait fini, l'ennemi fit un retour offensif extrêmement vigoureux, qui parut un instant devoir changer le sort de la journée. C'est à ce moment que la division Vallabrègue, 4e et 5e chasseurs, 7e et 12e dragons, trouva l'occasion de fournir aussi une belle charge et reprit un aigle qui nous avait été enlevé.

Enfin, après ce dernier engagement qui dura jusqu'à la nuit, l'avantage resta encore de notre côté, et nous gardions nos positions.

La bataille de Rézonville fut néanmoins pour nous sans résultats très-importants. On a prétendu que, dans la nuit du 16 ou le lendemain, le Maréchal Bazaine pouvait se replier sur Verdun ou au moins faire filer sa cavalerie par les deux routes de Mars-la-Tour et d'Etain ; ce n'était pas possible : par suite de l'encombrement des routes après la bataille de Borny, la

Garde n'arriva que le 15 au soir sur le plateau de Gravelotte, les 3e et 4e Corps le 16 seulement.

Pour résister aux forces prussiennes, le Maréchal fut obligé d'engager toute son armée, qu'il aurait certainement fait couper en cherchant dans ces conditions à gagner Verdun : car hommes et chevaux, après des étapes pénibles et 2 journées de batailles, sans repos et presque sans vivres, étaient très-fatigués, et il devenait impossible de faire avec succès devant l'ennemi une marche aussi rapide ; de plus, les approvisionnements manquaient, la bataille avait presque épuisé les munitions, car le grand parc de réserve de l'armée, séparé de nous et laissé à Toul, attendait une occasion favorable, et ne put jamais nous rejoindre. On devait certainement craindre, en s'éloignant de Metz, de se voir envelopper par les Corps du Prince Frédéric et de Steinmetz, devant lesquels il fallait faire une marche de flanc : c'était donc une manœuvre imprudente qui compromettait non-seulement l'armée qui l'aurait entreprise, mais encore la place de Metz livrée à elle-même et dont l'ennemi pouvait s'emparer par surprise ; d'autant plus qu'à cette époque les forts de Saint-Quentin et de Plappeville, qui défendaient la ville à l'Ouest, étaient à peine armés.

Le Maréchal Bazaine fit bien de ne pas se laisser entraîner par son succès ; mais, obligé à cause du manque d'eau, pour se ravitailler, s'approvisionner et évacuer ses blessés, de se retirer sur Metz, il livra le 17 à l'ennemi les positions que nous avions conquises la veille, et eut aussitôt ses communications coupées avec Verdun par Mars-la-Tour ; il lui restait encore la route d'Etain.

L'extrait ci-dessous d'une dépêche adressée par le Maréchal à l'Empereur et au ministre, le lendemain de la bataille de Rézonville, prouve dans quelle position se trouvait l'armée :

. . . .

« On dit aujourd'hui que le Roi de Prusse serait à Pange ou au château d'Aubigny, qu'il est suivi d'une armée de 100,000 hommes, et qu'en outre des troupes nombreuses ont été vues sur la route de Verdun.

« Ce qui pourrait donner une certaine vraisemblance à cette nouvelle de l'arrivée du Roi de Prusse, c'est qu'au moment où j'ai l'honneur d'écrire à Votre Majesté, les Prussiens dirigent une attaque sérieuse sur le fort de Queuleu. Ils auraient établi des batteries à Magny, à Mercy-le-Haut et au bois de Poully ; dans ce moment, le tir est même assez vif.

« Quant à nous, les Corps sont peu riches en vivres : je vais tâcher d'en faire venir par la route des Ardennes qui est encore libre. Monsieur le général Soleille, que j'ai envoyé dans la place, me rend compte qu'elle est peu approvisionnée en munitions et qu'elle ne peut donner que 800,000 cartouches, ce qui pour nos soldats est l'affaire d'une journée ; il n'y a également qu'un petit nombre de coups pour pièces de 4, et enfin il ajoute que l'établissement pyrotechnique n'a pas les moyens nécessaires pour confectionner les cartouches.

« Monsieur le général Soleille a dû demander à Paris

ce qui est indispensable pour remonter l'outillage ; mais cela arrivera-t-il a temps ?

« Les régiments du Corps du Général Frossard n'ont plus d'ustensiles de campement et ne peuvent faire cuire leurs aliments. Nous allons faire tous nos efforts pour reconstituer nos approvisionnements de toutes sortes, afin de reprendre notre marche dans deux jours, si cela est possible. Je gagnerai la route de Briey ; nous ne perdrons pas de temps, à moins que de nouveaux combats ne déjouent nos combinaisons. »

Depuis, on trouva dans les magasins du chemin de fer 4,000,000 de cartouches ; et le général Soleille fit fabriquer à l'arsenal de Metz des fusées percutantes, de la poudre et des cartouches avec un papier spécial ; un marché fut aussi passé pour fondre des projectiles.

Telle était notre situation lorsque, le 17, le Prince Frédéric-Charles s'avança vers nous ; sentant sa droite appuyée par Steinmetz et se voyant soutenu par l'armée du Roi, qui venait de Pont-à-Mousson, il chercha à déborder notre aile droite pour nous obliger à nous rabattre sur Metz ou pour nous envelopper en nous en séparant.

Pendant la journée du 17, il n'y eut pas d'engagements sérieux ; nous occupions de bonnes positions entre Gravelotte et Saint-Privat-la-Montagne.

BATAILLE DE SAINT-PRIVAT ET AMANVILLIERS.

Mais le 18, le Roi étant arrivé avec des renforts, Frédéric-Charles comprit que ses forces lui permettaient de se porter en avant ; comptant aussi sur une artillerie formidable, il continua la conversion qui avait été commencée la veille et vint attaquer notre aile droite à Saint-Privat.

L'armée française était alors en bataille à l'Ouest de Metz, faisant face à Etain et laissant Verdun sur sa gauche.

Vers une heure, elle avait sa gauche à Rosérieulles, protégée par les feux du fort Saint-Quentin, et s'étendait sur les crêtes en passant par Moscou, Leipsig, Amanvilliers, sa droite était à Saint-Privat ; mais, après avoir abandonné Verneville et le bois des Génévaux, la route d'Etain était coupée ; il restait encore celle de Briey et de Thionville.

L'ennemi, après avoir enlevé Sainte-Marie-au-Chêne en face de Saint-Privat, fit effort sur notre droite ; malgré la résistance énergique que lui opposa le Corps du Maréchal Canrobert ; ce Corps, ne se sentant plus soutenu et manquant de munitions, fut forcé de céder le terrain et se retira en arrière du village.

Le Maréchal Bazaine, dont la bravoure est incontestable, il l'avait prouvé le 16, aurait dû voir par lui-même ce qui se passait sur ce champ de bataille ; il était resté au fort de Plappeville ; et on lui a reproché avec raison de n'avoir pas mieux appuyé sa droite par la Garde et la réserve d'artillerie. Il est vrai qu'il pouvait s'attendre à un mouvement tournant de Steinmetz qui, au lieu d'appuyer la droite de Frédéric-Charles, devait passer la Moselle au-dessus de Metz, vers Malroy, et déboucher sur notre flanc droit, mais cette prévision aurait dû décider le Maréchal à soutenir encore plus solidement sa droite.

La cavalerie de la Garde et la division Forton, établies dans un entonnoir au-dessous de Chatel-Saint-Germain, occupaient une fort mauvaise position, dont il était très-difficile de les sortir ; elles ne furent d'aucune utilité et eussent été bien mieux-placées entre les villages de Wappy, Lorry et Saulny ; l'infanterie de la Garde, dans les bois de Saulny et de Jaumont, laissait la route libre pour permettre à cette cavalerie d'opérer librement. Cette faute obligea l'armée à se retirer sous les murs de la place. Nous étions néanmoins si inférieurs en nombre à l'armée prussienne que, malgré une défense désespérée, nous aurions eu le même résultat quelques jours après.

Les journées du 14, du 16 et du 18 furent des plus meurtrières ; nous avions en face de nous les meilleures troupes de l'Allemagne, commandées par ses plus habiles généraux, sous les ordres du Roi.

Le 18, l'armée prussienne, qui avait reçu tous ses renforts, était forte de plus de 340,000 hommes, et celle du Maréchal Bazaine se trouvait diminuée par les pertes des journées du 14 et du 16. Nous luttions un contre trois.

CHAPITRE V

CONSÉQUENCES A TIRER DES JOURNÉES DES 14, 16 ET 18 AOUT.

Les conséquences à tirer des batailles du 14, du 16 et du 18 août sont nombreuses ; mais la plus importante assurément, c'est le changement que l'on doit apporter à l'avenir dans l'établissement des places fortes.

Avec la nouvelle artillerie, une place de guerre ne sera plus à l'abri que sous la protection de forts avancés construits sur tous les points culminants qui l'entourent. On doit à la puissante initiative du Maréchal Niel d'avoir pu défendre Metz ; sans les forts, après la bataille de Borny et notre passage sur la rive gauche, l'ennemi aurait bombardé la place.

Il faut aussi reconnaître qu'avec les ressources formidables dont les puissances militaires de l'Europe

6

disposent à présent, une seule place forte est incapable d'empêcher une armée d'être bloquée : Metz et Paris en sont deux exemples frappants;

Si Saint-Germain, qui, par sa position dominante commande la vallée de la Seine et garde des routes importantes, eût été solidement fortifié, approvisionné, occupé par des forces suffisantes et relié à Paris, le blocus de la Capitale n'aurait pu avoir lieu que très-difficilement ; dans tous les cas, le concours de cette 2e place forte contribuait à donner une base imposante aux sorties, à assurer le succès des opérations extérieures, et permettait surtout l'emploi des immenses ressources en hommes et en matériel qui restèrent derrière des murs sans qu'elles aient pu être employées utilement. On peut donc conclure dès à présent qu'il faut appuyer une armée sur deux places de guerre pour l'empêcher d'être bloquée.

Quant à la ligne de la Moselle, elle était loin d'être suffisamment fortifiée. A Frouard, il aurait fallu un vaste camp retranché; à Mousson, un fort pour défendre le Pont de la Moselle ; entre Thionville et Metz, des fortins disposés en échiquiers, placés sur les points culminants afin d'empêcher le passage de la rivière ou appuyer les mouvements d'une armée.

Cette lutte gigantesque prouve qu'on devra à l'avenir donner à l'attaque comme à la défense des proportions colossales.

Pour résister à la nouvelle artillerie, nos forts auront besoin de batteries blindées et de bonnes casemates avec des recouvrements en terre très-épais.

Il deviendra également nécessaire de se fortifier dès qu'on le pourra, à l'aide d'ouvrages de campagne lestement faits, soit : pour conserver une position, — garder un village, — ou maintenir des lignes, surtout lorsque l'on sera inférieur en nombre à l'ennemi.

Il est indispensable que notre artillerie de campagne soit modifiée et augmentée sensiblement.

L'artillerie prussienne se sert beaucoup de feux convergents, et possède en outre une supériorité réelle sur la nôtre par le nombre des batteries, par la force du calibre et par sa portée.

Le 18, le Prince Frédéric-Charles démasqua en face de notre gauche une batterie de 80 pièces.

Au dire des officiers d'artillerie eux-mêmes, nos pièces de 4, dont on doit se servir surtout contre des troupes, n'ont pas été employées avec assez de hardiesse; elles ont un avantage comme mobilité, comme légèreté, surtout à cause du nombre de coups que renferment les coffres (40 coups).

Le projectile de 4 donne autant d'éclats que celui de 12; la bonne portée du 4 est 2,000 mètres.

Les Prussiens possèdent du 4 et du 6 se chargeant par la culasse, leur portée efficace est 3,000 mètres; pour faire disparaître cet avantage, notre artillerie aurait dû se porter à 1,000 ou 1,200 mètres en avant, couverte par des tirailleurs d'infanterie.

Cette façon d'employer le 4, approuvée par des officiers entreprenants, présente cependant l'inconvénient d'exposer davantage les pièces. Il faudrait, pour les appuyer, approcher les lignes qui se trouveraient

avant l'engagement, tout à fait sous le feu de l'ennemi.

On n'obtiendrait donc avec cette manœuvre un résultat satisfaisant que dans un moment décisif pour pousser ou soutenir franchement l'attaque; mais il est
incontestable que l'artillerie prussienne a sur la nôtre
de très-grands avantages.

Notre infanterie, armée d'un excellent fusil supérieur
au fusil prussien, peut fournir de très-bons tirailleurs
pour engager l'action : en se défilant, ils parvien-
draient à s'approcher au point de tuer les servants
sur leurs pièces et démonteraient ainsi l'artillerie ennemie.

Les zouaves et les grenadiers de la garde montrèrent
le 16 beaucoup de sang-froid et de bravoure.

Notre cavalerie dans les engagements du 16 a fait
preuve d'un remarquable entrain. Quoique très-bonne,
sinon supérieure, au moins égale à la cavalerie
prussienne, elle a cependant complétement manqué,
dans cette campagne, de l'initiative que doivent
avoir des éclaireurs pour reconnaître et observer l'ennemi.

De mauvaises cartes, quand nous aurions dû en pos-
séder d'excellentes, et des reconnaissances généralement mal faites nous laissaient dans l'ignorance la plus
complète sur la marche, la force et les dispositions de
l'ennemi; tandis que l'armée prussienne, au contraire,
appliquait à la lettre notre service en campagne, ainsi
que les sages conseils donnés par le général de Brack

dans son livre intitulé : « Avant-postes de cavalerie légère. » (1)

Les uhlans, qui sont également de très-bons cavaliers en ligne, faisaient d'une façon remarquable le service d'éclaireurs ; ils couvraient constamment leur armée et pénétraient presque jusque dans nos camps.

Il faut aussi remarquer que pour conserver une bonne cavalerie, il est indispensable de la nourrir, de la soigner et de l'abriter.

Les guerres d'Afrique ont appris à s'installer sur tous les terrains en se mettant à couvert sous la petite tente-abri : c'est certainement une fort bonne chose, mais il ne faut cependant pas en user indéfiniment pendant toute une campagne.

La guerre de Crimée, durant laquelle l'armée française supporta un hiver des plus rigoureux, aurait dû servir de leçon et montrer qu'il n'est pas possible de conserver la cavalerie ou de traîner l'artillerie en

(1) Ces fautes se sont produites pendant toute la campagne. Ci-joint une dépêche du comte de Palikao ministre de la guerre, au Maréchal Mac-Mahon.

« Guerre à Maréchal de Mac-Mahon.

« 19 août 1870.

« J'apprends de source certaine que les corps ne se gardent pas, qu'il n'y a pas de reconnaissances sérieusement organisées jusqu'ici. Je fais exception pour la division de cavalerie du général de Fénelon qui a fourni des renseignements utiles. J'ai su que le Corps de Failly à Chaumont et à Bressier n'était ni éclairé ni gardé. Cette absence de vigilance permet à des partis isolés et sans importance de couper les chemins de fer. Cette opération a déjà été exécutée dans plusieurs endroits par quelques cavaliers qu'il eût été facile de chasser à coups de fusil, si l'on s'était gardé. »

soumettant le cheval à toutes les intempéries ; il arrive bien vite une diminution d'énergie et un épuisement prématuré par suite du manque de repos et de la perte de nourriture.

C'est une erreur de renoncer d'une façon exclusive aux cantonnements : le bivac n'est indispensable qu'aux avant-postes ou quand on est serré par l'ennemi.

Notre cavalerie sur le champ de bataille, dans ses rencontres avec l'armée prussienne, était généralement trop souvent séparée de son artillerie.

Cette dernière n'est inutile aux cavaliers que pour faire de simples reconnaissances destinées à observer l'ennemi ; mais, dans tout autre cas, elle doit toujours marcher avec eux.

C'est ainsi qu'à Rézonville le régiment des cuirassiers de la garde fut sacrifié pour arrêter le mouvement en avant de l'armée prussienne qui cherchait à percer notre centre ; la charge des cuirassiers, préparée par le canon, aurait eu encore un bien meilleur résultat.

Une batterie ne suffit pas à la division de cavalerie : il en faut une par brigade, deux ou trois par division suivant le nombre de régiments. A Rézonville, les Prussiens commencèrent l'attaque avec 3 batteries soutenues par deux régiments de cavalerie.

Les Prussiens appuyent quelquefois leur infanterie par la cavalerie placée en arrière ou aux ailes ; elle vaut mieux sur les ailes. A Rézonville, après avoir abordé les carrés prussiens, nous fûmes chargés par des hussards qui se trouvaient derrière les fantassins : cette charge demeura sans grand effet ; elle fût devenue bien plus dangereuse pour nous, si elle avait été dirigée sur nos flancs.

Quant à la cavalerie divisionnaire, elle aurait dû être surtout employée à reconnaître l'ennemi pendant le combat. Il est arrivé souvent qu'à la suite de mouvements, l'artillerie n'osait plus tirer, ne sachant pas si elle avait devant elle des colonnes françaises ou des colonnes prussiennes.

Quelques cavaliers intelligents, attachés aux batteries, remédieraient à ce grave inconvénient en se portant promptement en avant pour renseigner les artilleurs lorsqu'il y a incertitude

Quant à la manière de combattre de l'armée prussienne, elle est conforme aux principes que je préconisais dans la conférence déjà citée, car je supposais alors qu'ils devaient être appliqués par l'armée française.

J'émettais l'opinion suivante :

« La guerre deviendra probablement, à l'avenir, une série d'attaques de positions, d'affaires partielles préparées par l'habileté et l'initiative du Général en Chef, menées à bonne fin par la valeur de ses subordonnés de tout grade.

« L'art consistera donc à savoir dissimuler ses forces, — à inquiéter l'ennemi par de fausses démonstrations pour le déloger, en lui faisant brûler inutilement ses cartouches, — à accabler de projectiles le point d'attaque une fois qu'il aura été fixé, — à se servir beaucoup de feux convergents, — à attaquer toujours sous la protection de l'artillerie, —à choisir enfin des positions qui dominent celles de l'ennemi pour les garder à tout prix.

« Mais si l'attaque devient très-sérieuse, il ne faut pas hésiter à entamer ses réserves. La vraie prudence consiste alors dans une détermination énergique : car, à force d'indécision et de manque d'initiative, on laisse souvent à l'ennemi un avantage qu'on éprouve de la difficulté à lui reprendre ensuite.

« Quand le chef aura combiné froidement toutes les chances, s'il a confiance dans la valeur de sa troupe, il peut tenter un coup hardi et profiter habilement de la surprise de l'adversaire pour pousser plus loin encore son succès.

« On ne saurait trop faire de simulacres d'opérations militaires pendant la paix, afin de familiariser l'officier et le soldat avec tous les terrains, pour le distraire surtout de la monotonie de son service de garnison qui l'engourdit, et l'obliger à acquérir une appréciation juste des distances et des obstacles qu'il peut rencontrer.

« Il serait bon aussi de rectifier, sur le terrain de manœuvre, les fautes du champ de bataille, car une campagne ne profite réellement que lorsqu'au retour on reconnaît ses travers ; *mais le succès fait vite oublier les difficultés à vaincre, et il faut un échec pour montrer les erreurs commises.* Le remède est donc pire que la maladie. . . . . »

En avouant nos défauts avec franchise, il faut aussi reconnaître que l'armée française avait contre elle une supériorité numérique écrasante, qui n'a pu être compensée ni par la valeur des troupes, ni par l'énergie vraiment remarquable qui fut déployée dans ces cinq journées.

Enfin, après avoir livré, à la suite de marches forcées, le 14 la bataille de Borny, fait pendant la nuit du 14 et la journée du 15 une marche rapide accompagnée de combats d'avant-gardes, engagé une 2ᵉ grande bataille le 16 à Rézonville, des combats le 17 à Gravelotte, et une 3ᵉ grande bataille le 18 à Saint-Privat et Amanvillers : l'armée de Metz, épuisée par des luttes continuelles contre des forces toujours doubles ou triples des siennes, fut obligée, pour se refaire, de se retirer sur les glacis de la place sous la protection des forts ; et le peu de résultats obtenus après ces combats glorieux fut la conséquence de l'erreur commise en négligeant d'arrêter l'ennemi sur la ligne de la Moselle.

Dans ces batailles, les deux armées firent des pertes considérables ; l'armée prussienne avoua à Rézonville 20,000 hommes hors de combat ; sa cavalerie surtout avait été fort maltraitée dans tous les engagements qu'elle eut avec la nôtre.

Dès lors toutes nos communications étaient coupées avec l'extérieur ; et, à partir de ce moment, commença cet infernal blocus qui devait nous conduire à notre perte.

Je reproduis ci-après le rapport du Maréchal Bazaine, ses dépêches à l'Empereur et son ordre du jour à l'armée après ces sanglantes journées

RAPPORT DU MARÉCHAL BAZAINE SUR LA BATAILLE
DE RÉZONVILLE

« Après le brillant combat de Borny, les troupes
qui y avaient pris part avaient reçu l'ordre de continuer
le lendemain matin, 15 août, leur mouvement de retraite
sur Verdun par les deux directions qui leur avaient été
indiquées : les 2e et 6e Corps suivant la route du sud par
Rézonville, Mars-la-Tour et Marcheville ; le 3e et 4e Corps
se dirigeant au nord sur Conflans et Etain ; la grande
réserve et les parcs marchant derrière le 6e corps.

« La 1re colonne était couverte par la 1re division de
cavalerie de réserve du général de Forton, le 2e par la
division de chasseurs d'Afrique du général du Barail.

« Les points à occuper dans la journée du 15 étaient :
Vionville par le 2e Corps, Rézonville par le 6e, Doncourt-
lez-Conflans par le 4e, Saint-Marcel et Verneville par
le 3e, la Garde en arrière à Gravelotte.

« La division de Forton à Vionville avait l'ordre
d'éclairer la route de Verdun, celle du général du Barail
à Jarny éclairait la route d'Etain.

« Les lenteurs qui se produisirent dans l'écoulement
des convois et les retards qui résultèrent pour les 4e et
3e Corps à cause de leur participation au combat de
Borny, ne permirent pas malheureusement à ces deux
Corps de commencer leur mouvement assez tôt pour
l'achever dans la limite du temps qui avait été arrêté.

« Le 3e Corps qui devait marcher en arrière du 4e avait

pris la tête et n'avait que trois divisions encore sur le plateau de Gravelotte à 10 heures du soir.

« Quant au 4ᵉ Corps, il ne put se mettre en marche que le 16 au matin.

« La colonne de gauche, 2ᵉ et 6ᵉ Corps et la Garde, avait presque atteint les positions le 15; mais je dus lui prescrire de s'y maintenir le 16 jusqu'à midi afin que le 4ᵉ Corps pût arriver à sa hauteur; les renseignements que j'avais reçus m'annonçaient une forte concentration ennemie sur ma gauche, et la prudence exigeait que mes deux colonnes fussent en mesure de se soutenir l'une et l'autre, de quelque côté que l'ennemi se présentât.

« Le 16 au matin, le 2ᵉ Corps se trouvait en avant de Rézonville, à gauche de la route de Verdun; le 6ᵉ à sa hauteur, sur la droite de la même route; le 3ᵉ avec 3 divisions et la cavalerie entre Verneville et Saint-Marcel, la 4ᵉ division étant encore en route pour rejoindre le 4ᵉ Corps en marche sur Doncourt-lez-Conflans, la garde à Gravelotte.

« Telle était la position de l'armée quand à 9 h. 1⁄2 les grand'gardes de la division de Forton signalèrent l'approche de l'ennemi : à peine cet avis est-il donné que deux régiments de cavalerie prussienne débouchent de Vionville avec 3 batteries qui couvrent d'abord d'obus les campements des divisions Forton et Vallabrègue (cavalerie du 2ᵉ corps).

« Notre cavalerie, surprise par cette attaque imprévue, se forme au plus vite et se porte en arrière des bivouacs du 2ᵉ corps à la hauteur de Rézonville.

« Au bruit du canon, le Général Frossard fait prendre les armes à son corps d'armée et occupe les positions de combat qui avaient été reconnues à l'avance ; la division Bataille à droite sur les hauteurs de Flavigny ; la division Vergé à gauche sur le même mouvement de terrain ; la brigade Lapasset détachée du 3ᵉ corps en retour à gauche, pour observer les grands bois de Saint-Arnould, des Ognons et couvrir la tête du défilé de Gorze.

« Le Maréchal Canrobert prend également ses dispositions et déploie son corps d'armée en avant de Rézonville, entre la route de Verdun et le village de Saint-Marcel. La division Tixier à droite avec le 9ᵉ de ligne, le seul régiment de la division qui soit arrivé ; la division Lafont de Villiers à gauche et s'appuyant à la route.

« En arrière et parallèlement à la route au delà de laquelle elle s'est avancée, s'établit la division Levassor-Sorval, avec mission de soutenir la brigade Lapasset et de surveiller les nombreux ravins qui aboutissent par les bois d'Ars et de Novéant.

« L'apparition de la cavalerie ennemie et sa canonnade contre la division Forton n'étaient que le prélude de l'action qui allait se dérouler. Deux attaques se dessinèrent bientôt : l'une venant de gauche par les bois de Vionville, de Saint-Arnaud et des Ognons ; l'autre sur notre front par Mars-la-Tour et le village de Vionville.

« A la première nouvelle de l'engagement, je quittai mon quartier général de Gravelotte pour me porter

avec mon état-major sur le théâtre du combat, donnant
l'ordre à la Garde de se placer en réserve à droite et à
gauche de la route sur les crêtes des ravins de la Jurée,
et prévenant le Maréchal le Bœuf qu'il eût à pivoter
sur la gauche pour appuyer le 6e corps et prendre
l'ennemi en flanc. Je comptai en même temps sur la
vieille expérience du Général de Ladmirault pour
accourir au bruit du canon et soutenir le mouvement
tournant du 3e corps en avant duquel il devait alors se
trouver.

« A peine arrivé sur le terrain, je trouvai le 2e Corps
fortement engagé sur tout son front sous un feu
d'artillerie des plus intenses, mais se maintenant dans
les positions un peu en arrière des crêtes. Le Maréchal
Canrobert avait de son côté arrêté le mouvement offensif
de l'ennemi qui se bornait déjà à n'entretenir devant
lui qu'une vive canonnade. C'était donc évidemment sur
notre gauche que l'ennemi se réservait de faire le plus
grand effort à l'abri des bois qui les dissimulaient dans
le but de nous couper la retraite sur Metz.

« Tout en me préoccupant de l'attaque que je voyais
se dessiner sur notre flanc, je voulus que notre droite
fût solidement appuyée avant l'entrée en ligne des
troupes du Maréchal le Bœuf, et je prescrivis à la division Forton d'aller se placer en arrière du 6e corps sur
l'ancienne voie Romaine, le dos appuyé aux bois de
Villers, avec ordre de charger au moment opportun.

« Ces premières dispositions prises, j'appelai les batteries de 12 de la réserve générale pour combattre les
batteries ennemies qui inquiétaient le 2e Corps ; l'action

se soutint ainsi jusqu'à midi et demi ; mais à ce moment le Général Bataille fut blessé et obligé de quitter son commandement, sa division commença à plier devant les masses ennemis qui s'avançaient.

« Ce mouvement en arrière entraîna une partie de la division Vergé, dont la gauche seule resta en position avec la brigade Lapasset : je dus alors faire charger l'infanterie prussienne par le 3e lanciers et les cuirassiers de la garde.

« La charge des lanciers ayant été repoussée, les cuirassiers se formèrent aussitôt sur trois lignes comme à la manœuvre et s'élancèrent avec une bravoure héroïque sur les carrés ennemis qu'ils ébranlèrent et dont ils arrêtèrent la marche.

« Un ou deux escadrons de hussards prussiens les poursuivirent dans leur retraite et s'avancèrent jusque sur nos batteries de la Garde, au milieu de laquelle je me trouvais ; je dus moi-même mettre l'épée à la main avec tout mon état-major, et un combat à l'arme blanche s'engagea avec tous mes officiers.

« L'hésitation qui se manifesta à ce moment dans les lignes prussiennes me permit de faire avancer la division Picard des grenadiers de la garde qui se porta en avant sous les ordres mêmes du Général Bourbaki, relevant la division Vergé et Bataille et prenant position de chaque côté du village de Rézonville pendant qu'une brigade de la division Levassor-Sarval du 6e Corps venait s'appuyer à gauche sur les crêtes du village de Vionville ; en même temps la division Deligny des voltigeurs de la garde recevait l'ordre de se porter en face du bois des Ognons, de le faire occuper par son bataillon de chasseurs, et d'observer les débouchés par où les Prussiens pouvaient tenter de mettre pied sur le plateau de Gravelotte.

« Au moment même où l'ennemi prononça son attaque sur Rézonville, il tentait de tourner notre droite avec sa cavalerie : 3 de ses régiments, les cuirassiers du Roi et deux régiments de uhlans, traversèrent nos batteries à la droite du 6ᵉ Corps, et dépassant la crête que nous occupions, tentèrent de se rabattre sur le derrière de notre infanterie.

« La division du général de Forton, dont ils ne soupçonnaient pas la présence, les prit en flanc et en queue, et cette masse de cavalerie fut complétement anéantie sous le sabre de nos dragons et de nos cuirassiers.

« Il était alors 2 heures ; l'ennemi était complétement repoussé sur notre droite ; au centre, l'attitude du 6ᵉ Corps et des grenadiers de la garde avait arrêté son attaque, et à gauche il n'avait pas encore pris l'initiative que j'attendais, mais qui ne s'en préparait pas moins. Le feu de son artillerie avait à peu près cessé, et il était évident qu'il prenait ses dispositions pour un nouvel effort.

« Complétement rassuré à droite par l'entrée en ligne des premières troupes du 3ᵉ Corps, je fis dire au Maréchal le Bœuf de maintenir fortement ses positions avec la division Nayral, de se relier au 6ᵉ Corps par la division Aymard et de diriger sur Gravelotte la division Montaudon que je destinais à occupér la débouché d'Ars-sur-Moselle. Je faisais reporter en même temps sur le même point les divisions du 2ᵉ Corps qui avaient été reformées, et je plaçai des batteries de 12 et des mitrailleuses au débouché des ravins pour y cribler les masses ennemies qui tentaient de s'y engager.

« Je savais que des renforts avaient passé par Ars et par Novéant, et je me préoccupais avant tout de l'attaque qui pouvait être faite sur notre flanc.

« Ma ligne de bataille, qui au début de l'action se trouvait à peu près parallèle au ravin de Rézonville, avait pris vers 3 heures une position presque perpendiculaire au bois des Ognons, vers Mars-la-Tour et Bruville.

« A ce moment en effet le 4ᵉ Corps venait d'entrer en ligne ; la division Grenier, conduite par le général Ladmirault lui-même, avait chassé l'ennemi devant lui, l'avait repoussé de Saint-Marcel et de Bruville, rejeté sur Mars-la-Tour et se préparait à l'attaquer à Vionville. La division de Cissey appuyait le mouvement, et sur la droite marchait la division Clerembault, le 2ᵉ chasseurs d'Afrique et la brigade de la garde : lanciers et dragons , qui accouraient au canon après avoir escorté l'Empereur jusqu'à Etain.

« Le général Ladmirault reconnut alors que la position de Vionville était trop fortement occupée pour qu'il pût s'en emparer avec ses deux divisions, et il dut se borner à maintenir l'ennemi en s'établissant sur le terrain qu'il avait gagné.

« La canonnade qui avait cessé quelque temps reprit avec plus d'intensité que jamais vers les cinq heures pour préparer le retour offensif que les Prussiens

allaient essayer, après un feu qui ne dura pas moins
de deux heures. Les réserves dessinèrent l'attaque en
grosses masses ; une charge de cuirassiers fut tentée par
eux sur la division Lafont de Villiers, pour rompre
notre centre, le 93ᵉ perdit son aigle, un canon fut enlevé ;
mais les cuirassiers Prussiens trouvèrent devant eux
la division Vallabrègue du 2ᵉ corps qui s'étaient maintenue à hauteur de Rézonville : ils furent ramenés vigoureusement ; l'aigle et le canon repris.

« J'arrêtai alors le mouvement de la division Montaudon que j'avais dirigée sur Gravelotte, et je la fis rétrograder vers le 3ᵉ corps pour parer à toute éventualité :
de ce côté la division de Forton, que j'avais également
reculée, reprit sa position près du bois de Villers.

« Le général Deligny rejoignit, avec les 4 bataillons de voltigeurs qui lui restaient, la 2ᵉ brigade qui
avait déjà appuyé et relevé une partie des grenadiers
sur les crêtes du ravin de Rézonville.

« En même temps le général Bourbaki, rassem-
blant toutes les bouches à feu dont il disposait,
établit une grande batterie de 54 pièces qui foudroyèrent
les masses ennemies et les désorganisèrent, pendant
que le feu de notre infanterie les faisait reculer.

« A notre gauche l'ennemi tenta vainement de déboucher par les bois qu'il trouva fortement gardés. Il voulut
s'avancer par les ravins qui séparent les bois de Saint-
Arnaud et des Ognons ; mais nos mitrailleuses aussitôt
arrêtèrent toutes les tentatives en lui faisant subir des
pertes énormes.

« A la droite il essaya, avec une masse de cavalerie, de

7

tourner le 4ᵉ corps. Le général Ladmirault les fit charger avec les nombreux cavaliers qu'il avait sous la main, et, après des charges successives, où des deux côtés on se battit avec acharnement, l'ennemi se retira.

« La division de Cissey protégea notre ralliement et par sa belle contenance imposa à l'aile gauche prussienne qui se mit définitivement en retraite.

« L'armée ennemie, battue sur tous les points, se retirait en nous laissant maître du champ de bataille, quand un dernier effort fut tenté par elle, jusqu'à la nuit close, par Rézonville où je me trouvais en ce moment : je pris à la hâte les zouaves que j'établis perpendiculairement à la route, et, aidé du général Bourbaki qui rassembla les troupes qu'il avait sous la main, je fis repousser cette dernière attaque avec laquelle le feu cessa complétement, à 8 heures du soir ; le combat avait duré 10 heures. »

DÉPÊCHES A L'EMPEREUR.

Le Maréchal Bazaine, après la journée du 18, adressa à l'Empereur les dépêches télégraphiques suivantes :

« Le Maréchal Bazaine à S. M. l'Empereur
« au camp de Châlons.

« Camp du fort Plappeville, le 10 août 1870,
« huit heures 20 minutes du soir.

« J'ignore l'importance de l'approvisionnement de Verdun. Je crois qu'il est nécessaire de n'y laisser que ce dont a besoin la place.

« J'arrive du plateau, l'attaque a été très-vive. En
ce moment, sept heures, le feu cesse. Nos troupes constamment restées sur nos positions. Un régiment le 60e
a beaucoup souffert en défendant la ferme Saint-Hubert.

—

« Le Maréchal Bazaine à S. M. l'Empereur
« au camp de Châlons.

« Ban Saint-Martin, le 19 août 1870.

« L'armée s'est battue hier toute la journée sur les
positions de Saint-Privat et Rozerieulles, et les a con-
servées; les 4e et 6e Corps seulement ont fait vers 9 heures
un changement de front, l'aile droite en arrière pour
parer à un mouvement tournant par la droite que les
masses ennemies tentent d'opérer à l'aide de l'obscu-
rité.

« Ce matin j'ai fait descendre de leurs positions les
2e et 3e Corps, et l'armée est de nouveau groupée sur la
rive gauche de la Moselle, de Longeville au Sanson-
net, formant une ligne courbe passant par le ban
Saint-Martin derrière les forts de Saint-Quentin et de
Plappeville.

« Les troupes sont fatiguées de ces combats incessants
qui ne leur permettent pas les soins matériels, et il est
indispensable de les laisser reposer deux ou trois jours.

« Le Roi de Prusse était ce matin avec Monsieur de
Moltke à Rézonville, et tout indique que l'armée prussienne va tâter la place de Metz.

« Je compte toujours prendre la direction du Nord,
et me rabattre ensuite par Montmédy sur la route de

Sainte-Menehould et Châlons si elle n'est pas fortement occupée : dans ce cas je continuerai sur Sedan et même Mézières pour gagner Châlons.

« Il y a dans la place de Metz 700 prisonniers qui deviendraient un embarras pour la place en cas de siége. Je vais proposer un échange au Général de Moltke pour pareil nombre d'officiers et de soldats français.

« (Communiquer à Mac-Mahon.) »

Ces deux dépêches ont été publiées en Belgique.

« Le Maréchal Bazaine à l'Empereur.

« Ban Saint-Martin, 20 août 1870.

« Nos troupes occupent toujours les mêmes positions, l'ennemi paraît établir des batteries qui doivent lui servir à appuyer son investissement, il reçoit constamment des renforts.

« Nous avons dans Metz au delà de 16,000 blessés. »

ORDRE DU JOUR A L'ARMÉE.

Le Maréchal Bazaine adressa aux troupes après les trois batailles du 14 à Borny, du 16 à Rézonville et du 18 à Saint-Privas l'ordre du jour suivant :

« Officiers, sous-officiers et soldats.

« Vous venez de livrer trois combats glorieux dans lesquels l'ennemi a éprouvé des pertes sensibles et a laissé entre nos mains un étendard, des canons, et 700 prisonniers. La Patrie applaudit à vos succès.

« L'Empereur me délègue pour vous féliciter et vous assurer de sa gratitude ; il récompensera ceux d'entre vous qui ont eu le bonheur de se distinguer.

« La lutte ne fait que commencer, elle sera longue et acharnée : car quel est celui de nous qui ne donnerait la dernière goutte de son sang pour délivrer le sol natal ?

« Que chacun de nous, s'inspirant de l'amour de notre chère patrie, redouble de courage dans les combats, de résignation dans les fatigues et les privations.

« Soldats, n'oubliez jamais la devise inscrite sur vos aigles : Valeur, Discipline. Et la Victoire est assurée ; la France entière se lève derrière vous.

« Au grand quartier général du Ban Saint-Martin.

« Le Maréchal commandant en chef,

« Signé : BAZAINE. »

DEUXIÈME PÉRIODE

—

DU BLOCUS

A LA CAPITULATION

CHAPITRE PREMIER

TENTATIVES POUR ROMPRE LE BLOCUS.

Après la bataille du 18, il était possible au Maréchal Bazaine, quand ses troupes furent reposées et approvisionnées, de rompre ou au moins d'élargir le cercle qui l'enveloppait.

L'armée était aguerrie par les dernières luttes, la cavalerie éprouvée et capable de tout entreprendre.

Pour sortir de Metz, on ne devait plus essayer de regagner la route de Verdun en reprenant les hauteurs de Gravelotte; mais il fallait suivre la vallée de la Seille, au Sud-Est, ou longer les deux rives de la Moselle au Nord.

Dans le 1er cas, l'armée, après avoir percé les

lignes prussiennes, s'engageait sur la route de Strasbourg en protégeant son flanc droit par la Seille et pouvait peut-être arriver jusqu'aux Vosges. Cependant elle marchait au hasard et l'armée d'investissement, remise de sa première surprise, ralliant ses renforts, la poursuivait pour la couper ou l'arrêter de nouveau ; une défaite dans de pareilles conditions devenait désastreuse, car c'était encore un nouveau blocus, sans munitions et sans vivres.

Dans le 2e cas on cherchait à se retirer sur Thionville, soit de vive force, soit en se fortifiant au fur et à mesure, afin de s'appuyer sur des positions solides.

L'armée du Maréchal Bazaine trouvait ainsi à vivre, gardait des relations avec l'intérieur de la France et attendait les événements ; l'ennemi était alors obligé, pour l'envelopper, de déployer des forces considérables.

Le 2e cas, présentant le plus d'avantages, fut choisi, et, le 26 août, les 4e et 6e Corps appuyés par la Garde vinrent s'établir sur la rive droite de la Moselle.

« Je voulais, dit le Maréchal, forcer le passage le long de cette rive ; mais une véritable tempête nous surprit et rendit inexécutable dans de bonnes conditions tout mouvement offensif sur des terrains aussi détrempés (1). »

Dès le matin, ces trois Corps quittèrent leur bivouac et, traversant la Moselle sur deux ponts qui aboutissaient à la même route, vinrent prendre

(1) Rapport sommaire sur les opérations de l'armée du Rhin du 13 août au 29 octobre 1870 par le commandant en chef Maréchal Bazaine.

position en dehors du camp retranché en avant du fort Saint-Julien du côté de Servigny et de Sainte-Barbe.

Les Prussiens replièrent aussitôt leurs avant-postes et lancèrent quelques obus sur nos têtes de colonne.

Vers 2 heures de l'après-midi, on était prêt à livrer bataille, il ne restait plus à faire passer que quelques bataillons, lorsque, le temps s'étant mis subitement à la pluie, le Maréchal donna l'ordre de reprendre les positions quittées le matin.

On employa toute la nuit à exécuter ce mouvement rétrograde qui fut du plus mauvais effet : l'ennemi crut qu'il nous avait intimidé.

Le même jour le Maréchal réunit à la ferme de Grimont les commandants des Corps d'armée et les Chefs des armes spéciales ; ils émirent l'avis que l'armée devait rester sous Metz parce que sa présence, en y maintenant au moins 200,000 Allemands, donnait à la France le temps d'organiser la résistance ; que du reste, en cas de retraite de l'ennemi, cette armée, se trouvant dans une excellente position sur ses derrières, le harcèlerait ou le battrait complétement.

Quant à la ville de Metz, il fut aussi reconnu qu'elle avait besoin de la présence des troupes pour terminer les forts, leur armement, ainsi que les défenses extérieures du corps de place, et que, sans leur protection, elle ne tiendrait pas plus de quinze jours.

Par suite d'une négligence inexcusable, on n'avait pris aucune précaution quand il en était temps encore, soit pour augmenter les approvisionnements, soit pour faire sortir les bouches inutiles ou les étrangers qui pouvaient être nuisibles par leurs accointances ; et, sous prétexte de ne pas inquiéter les populations , on n'avait mis en vigueur aucun des règlements militaires qui prescrivaient les précautions à employer en pareil cas.

Quelque temps avant, l'intendant général de l'armée était parti pour activer l'exécution des marchés. L'intendant de Préval le rejoignit ; ni l'un ni l'autre ne purent revenir , et on se trouva bientôt réduit aux insignifiantes provisions que renfermaient les magasins de Metz ou les quelques villages occupés.

Dans la réunion du 26 , le Maréchal le Bœuf fut seul opposé à ce projet ; il prétendit et soutint avec énergie qu'il fallait à tout prix chercher à se débarrasser de cette étreinte de fer pendant qu'il en était temps encore ; le Maréchal, auquel on peut certainement reprocher d'avoir engagé cette guerre avec imprévoyance , fut toujours à Metz du parti de l'action et fit preuve de qualités militaires ; il semblait qu'il voulût faire oublier, par une mort glorieuse , une faute qui nous avait été si préjudiciable.

Néanmoins on convint que l'on tenterait des coups de main pour soutenir le moral des troupes et augmenter les ressources. Des compagnies de partisans furent aussitôt organisées dans les divisions.

Mais tout cela ne suffisait pas : il aurait fallu chercher sérieusement à élargir le cercle afin de le percer plus facilement, faire avec soin des ravitaillements, et surtout, à partir de ce moment, rationner les habitants comme la troupe.

Le 30, le Maréchal reçut, par le retour d'un émissaire
qu'il avait envoyé à l'Empereur au camp de Châlons,
l'avis suivant :

« Votre dépêche du 19 dernier m'est arrivée à Reims;
je me porte dans la direction de Montmédy, je serai
après-demain sur l'Aisne d'où j'agirai selon les circonstances pour vous venir en aide. »

BATAILLE DE SERVIGNY.

L'armée fut réunie de nouveau le 31 en avant des
forts de Queulen et de Saint-Julien. Le Maréchal indi-
qua comme objectif à enlever le plateau de Sainte-
Barbe; en cas de réussite, il avait l'intention de gagner
Thionville par Bettelainville et Redange avec les 3e, 4e
et 6e Corps en faisant filer la Garde et le 2e Corps par la
route de Malroy.

La rive droite offrait l'avantage de ne pas traverser
l'Orne, et Sainte-Barbe était une position importante à
occuper.

L'opération, commencée trop tard, le 31, réussit cependant en partie : nos troupes s'emparèrent des villages de Retonfey et de Flanville, puis de ceux de Noiseville et de Servigny.

« Retonfey surtout avait la plus grande importance,
disait le *Moniteur Prussien*, car les Français en s'y maintenant rompaient le cercle qui les enfermait. »

En effet l'ennemi le comprit si bien que, revenant
pendant la nuit avec des forces considérables tirées de
la rive gauche, il nous contraignit d'abandonner le len-

demain dés positions vaillamment conquises. Ces différents combats, qui n'avaient pas duré moins de 36
heures, restèrent sans résultats.

Il est regrettable que l'on n'ait pas évité le 31 les
pertes de temps et les difficultés rencontrées le 26, pour
établir les troupes à leur emplacement de combat.

En jetant plusieurs ponts sur la Moselle, on aurait
facilité les communications entre les 2 rives au-dessous
de Saint-Julien ; et les routes seraient restées libres
pour l'artillerie et la cavalerie, si l'on avait prati-
qué dans les vignes ou à travers champs de larges
sentiers pour l'infanterie.

Ensuite, en rompant les ponts de l'ennemi, soit en
les faisant canonner à bonne portée, soit en les détrui-
sant avec des machines infernales, on l'empêchait de recevoir des renforts de la rive gauche. En
outre, en n'inquiétant l'adversaire que sur un seul point,
on le laissait libre de disposer de toutes ses ressources.

Les troupes sortirent trop tard de leurs bivacs :
il eût été préférable qu'elles fussent réunies, au point
du jour, à leur emplacement de combat pour attaquer
simultanément sur plusieurs points.

Dans la position que nous occupions par rapport à
l'ennemi, Mercy-le-Haut, Sainte-Barbe et les hauteurs
de Malroy ne devaient pas être négligées.

Il était important de s'en emparer à tout prix, en
employant des forces suffisantes, de s'y fortifier aussitôt
et de s'y maintenir. La possession de ces villages obli-
geait l'ennemi à céder les points intermédiaires pour
ne pas se laisser envelopper : en le forçant ainsi à

élargir son cercle, nous avions des chances plus certaines pour marcher sur Thionville, et d'ailleurs une base d'opération meilleure.

Les travaux des forts, poussés activement depuis le 18, mettaient la place à même de se défendre sans le concours de l'armée qui devait la considérer seulement comme un point d'appui.

Pour engager l'action, il me semble qu'il aurait fallu rapidement et sans désordre faire passer la plus grande partie de l'armée sur la rive droite à l'aide de ponts de bateaux, laisser sur la rive gauche sous la protection des forts une ou deux divisions seulement pour inquiéter l'ennemi par de fausses démonstrations et y retenir une partie de ses forces ; puis attaquer avec le 4e Corps les hauteurs de Malroy, avec le 3e Servigny et Sainte-Barbe, avec le 2e Mercy-le-Haut ; conserver en réserve la Garde et le 6e Corps pour porter secours aux points menacés ou empêcher l'ennemi de venir tourner les attaques entre Mercy-le-Haut et Servigny ; notre droite était ainsi appuyée à la Seille, soutenue par le fort Queuleu, notre gauche à la Moselle appuyée par le fort Saint-Julien.

C'était une 2e édition de la bataille de Borny, mais en mettant l'avantage de notre côté, puisque nous choisissions nous-mêmes nos attaques après avoir tout disposé pour combattre.

L'occupation de Malroy faisait tomber en notre pouvoir sur la rive gauche Ladonchamp, les Maxes, les Petites-Tappes ; et sur la rive droite : Sainte-Barbe et Mercy-le-Haut nous donnaient Vany, Cheuilles,

Lauvalières, Servigny, Coincy, Colombey, Aubigny, Ars-la-Quenexy, la Horgue, la Grange-au-Bois et Peltre.

Tous ces villages fournissaient des cantonnements pour la cavalerie, et des approvisionnements considérables qui, bien administrés, nous faisaient vivre longtemps.

En occupant les 3 points ci-dessus indiqués : Malroy, Sainte-Barbe et Mercy-le-Haut fortifiés et reliés entre eux, l'armée du Maréchal Bazaine se trouvait établie dans un vaste camp retranché appuyé sur Metz et adossé à la Moselle et à la Seille. Des ponts de bateaux entre Metz et Malroy devaient rendre faciles les communications avec les deux rives.

L'armée prussienne était obligée ainsi d'élargir son cercle ; — notre marche vers Thionville devenait moins difficile ; — nous avions d'ailleurs une installation convenable et des ravitaillements assurés, pour prolonger la résistance autour de Metz ; — nous facilitions en même temps l'œuvre de l'armée de secours : car, à son approche, protégés par nos ouvrages avancés, nous pouvions lui donner la main en repassant sur l'autre rive à l'aide de nos ponts de bateaux. En outre l'ennemi, pour nous poursuivre, contraint de faire un très-grand détour, perdait un temps considérable.

Afin d'augmenter le nombre des combattants, ce dont on ne s'est pas occupé assez, car il existait à Metz une quantité de traînards qui auraient mieux fait à leurs corps, on aurait dû organiser plus militairement les mobiles et les gardes nationaux pour leur confier spécialement la garde des forts et des remparts.

Beaucoup d'entre eux paraissaient du reste tellement convaincus que l'armée en demeurant sous Metz épuiserait vite les ressources de la ville, qu'ils n'auraient je suppose pas hésité à accepter avec la garnison la responsabilité de la défense pour laisser le maréchal Bazaine libre de ses mouvements. Il est cependant juste de dire que c'est grâce à cette armée que Metz n'a pas été attaqué et enlevé le 19 août, ce qui serait certainement arrivé si le Maréchal l'avait livré à ses propres ressources, en marchant, après la journée du 16, sur Verdun.

Quant aux munitions qui nous manquaient, on y avait déjà remédié : le général Soleille faisait rechercher dans la ville tous les fourneaux capables de fondre des projectiles ; on pouvait aussi utiliser les calibres de 12 en transformants les batteries de mitrailleuses devenues inutiles car elles attendaient leurs approvisionnements de Paris, et presque toutes en étaient dépourvues.

Mais ces précautions ne furent pas assez sérieusement prises, dès le début et nos ressources, très-restreintes diminuaient chaque jour.

L'affaire du 31, appelée bataille de Servigny, et dans laquelle se livrèrent quelques combats glorieux pour nos troupes, peut néanmoins passer pour une mauvaise opération militaire.

Nous fîmes des pertes sensibles, et la valeur des soldats employée mal à propos ne servit même pas à les ravitailler.

On ne sut même pas profiter de l'occupation des villages qui furent enlevés dans la soirée du 31 pour

8

faire immédiatement des réquisitions en indemnisant les habitants.

C'était le rôle de l'intendance, et, sous la direction de l'intendant général, chaque Corps aurait dû recevoir une part proportionnée à ses effectifs.

CHAPITRE II.

ÉVÉNEMENTS DU 4 SEPTEMBRE.

Après la bataille de Servigny, le Maréchal expédia le 1er septembre à l'Empereur la dépêche suivante :

« A la suite d'une tentative de vive force , laquelle nous a amenés à un combat qui a duré deux jours dans les environs de Sainte-Barbe, nous sommes de nouveau dans le camp retranché de Metz avec peu de ressources en munitions d'artillerie de campagne ; nous n'avons ni viande, ni biscuit. L'état sanitaire est loin d'être satisfaisant ; la place est encombrée de blessés.

« Malgré ces nombreux combats, le moral de l'armée reste bon. Je continue à faire des efforts pour sortir de la situation dans laquelle nous sommes, mais l'ennemi est très-nombreux autour de nous. Le Général Decaen est mort.

« Blessés et malades, environ 20,000. »

Depuis cette époque, le Maréchal ne reçut plus aucune communication du gouvernement ; on apprit indirectement la bataille de Sédan et la capitulation qui s'en suivit, par un médecin de l'Internationale chargé de soigner les blessés prussiens.

Le 9 septembre, nous eûmes une lueur d'espérance, en entendant une canonnade assez vive au delà de nos avant-postes, mais ce n'était qu'une feinte de l'ennemi qui voulait faire croire aux prisonniers de Sédan que le bombardement de Metz commençait.

La nouvelle des événements du 4 septembre nous parvint par un prisonnier qui avait pu s'échapper d'Ars-sur-Moselle ; des journaux trouvés aux avant-postes les confirmèrent. Ils annonçaient la captivité de l'Empereur le départ de l'Impératrice et l'établissement du gouvernement de la défense nationale.

Le Maréchal adressa aussitôt à son armée l'ordre du jour suivant :

« A l'armée du Rhin.

« D'après deux journaux français du 7 et du 10 septembre apportés au grand quartier général par un prisonnier français qui a pu franchir les lignes ennemies, S. M. l'Empereur Napoléon aurait été interné en Allemagne après la bataille de Sédan ; et l'Impératrice ainsi que le Prince Impérial ayant quittés Paris le 4 septembre, un pouvoir exécutif sous le titre de gouvernement de la défense nationale s'est constitué à Paris.

« Les membres qui le composent sont :

MM.

« Trochu, président.

« Jules Favre.

« Jules Simon.

« Arago.

« Pelletan.

« Gambetta.

« Crémieux.

« Glais-Bizoin.

« Garnier-Pagès.

« Ernest Picard.

« Rochefort.

« Généraux, officiers et soldats de l'armée du Rhin, nos obligations militaires envers la patrie en danger restent les mêmes.

« Continuons donc à la servir avec dévouement et avec la même énergie en défendant son territoire contre l'étranger, l'ordre social contre les mauvaises passions.

« Je suis convaincu que votre moral, ainsi que vous en avez déjà donné tant de preuves, restera à la hauteur de toutes les circonstances et que vous ajouterez de nouveaux titres à la reconnaissance et à l'admiration de la France.

« Ban Saint-Martin, 16 septembre 1870.

« BAZAINE »

PROCLAMATION DU GÉNÉRAL COFFINIÈRES AUX HABITANTS.

Le 13 septembre, le général Coffinières commandant la place faisait afficher à Metz cette proclamation :

« Habitants de Metz,

« On a lu dans un journal allemand la *Gazette de la Croix*, les nouvelles les plus tristes sur le sort d'une armée française écrasée par le nombre de ses adversaires sous les murs de Sédan, après 3 journées de lutte inégale.

« Ce journal annonce également l'établissement du nouveau gouvernement par les représentants du pays.

« Nous n'avons pas d'autres renseignements sur les événements ; mais nous ne pouvons pas non plus les démentir.

« Dans des circonstances aussi graves, notre unique pensée doit être pour la France, notre devoir à tous, simples citoyens, ou fonctionnaires est de rester à notre poste pour concourir ensemble à la défense de la ville de Metz.

« En ce moment solennel, la France, la Patrie, ce nom qui résume tous nos sentiments, toutes nos affections, est à Metz, dans cette cité qui a tant de fois résisté aux efforts des ennemis du pays.

« Votre patriotisme, le dévouement dont vous donnez déjà des preuves par votre empressement à recueillir et à soigner les blessés de l'armée ne peuvent faire défaut ; vous savez vous faire respecter et honorer de vos ennemis par votre résistance. Vous avez d'ailleurs d'illustres souvenirs qui vous soutiendront dans cette lutte énergique.

« L'armée qui est sous nos murs et qui a déjà fait connaître son héroïsme dans des combats glorieux, à Borny, à Rézonville, à Amanvilliers, à Servigny, ne nous quittera pas, elle résistera avec nous aux ennemis qui nous entourent et cette résistance donnera au gouvernement le temps de sauver la France, de sauver la Patrie »

Metz, le 13 septembre 1870.

« Le général de division commandant supérieur de la place de Metz,

« L. COFFINIÈRES.

« PAUL ODENT, préfet de la Moselle.

« FÉLIX MARÉCHAL, maire de Metz. »

Dès ce moment il fallait s'attendre à tout, mettre encore plus d'économie dans la distribution des rations, et chercher par tous les moyens possibles à se ravitailler en exécutant strictement les règlements militaires applicables en pareil cas.

A partir du 1er septembre, il n'y avait déjà plus de viande de bœuf pour la troupe, et on commençait à manger les chevaux dont la ration de fourrage avait été sensiblement diminuée.

Le Maréchal Bazaine tenta à diverses reprises de se mettre en relation avec le gouvernement de la défense

nationale, et lui adressa en triple expédition la dépêche
suivante :

« Il est urgent pour l'armée de savoir ce qui se passe
à Paris et en France; nous n'avons aucune communication avec l'extérieur; et les bruits les plus étranges
sont répandus par les prisonniers que nous a rendus
l'ennemi, qui en propage également de nature alar-
mante.

« Il est important pour nous de recevoir des instructions et des nouvelles.

« Nous sommes entourés de forces considérables que
nous avons vainement essayé de percer le 31 août et le
1er septembre. »

Le Maréchal ne reçut aucune réponse à toutes ces
missives confiées à des soldats de bonne volonté ; pas
un ne revint.

Les nouvelles n'arrivaient que par les journaux
allemands trouvés sur les prisonniers, ou par les parle-
mentaires.

Je reproduis ci-dessous quelques télégrammes qui
peuvent maintenant éclairer cette pénible situation et
prouver combien les débuts malheureux de cette campagne ainsi que le besoin à tout prix d'un succès furent
ressentis d'une façon pernicieuse par nos armées :

« Guerre à S. M. l'Empereur. — Camp de Châlons.

« Paris, 17 août 1870, 10 h. 25 du soir.

« L'Impératrice me communique la dépêche par laquelle l'Empereur annonce qu'il veut ramener l'armée du camp de Châlons sur Paris.

« Je supplie l'Empereur de renoncer à cette idée qui paraîtrait l'abandon de l'armée de Metz qui ne peut faire en ce moment sa jonction avec Verdun.

« L'armée de Châlons sera avant trois jours de 85,000 hommes, sans compter le Corps de Douai qui rejoindra dans trois jours et qui est de 18,000 hommes.

« Ne peut-on pas faire une puissante diversion sur les Corps prussiens déjà épuisés par plusieurs combats?

« L'Impératrice partage mon opinion. Je prie l'Empereur d'agréer mes respectueux hommages. »

———

« L'Empereur au ministre de la guerre. — Paris.

« Camp de Châlons, 18 août 1870, 9 h. matin.

« Je me rends à votre opinion. Ne retardez pas le mouvement de la cavalerie.

« Bazaine demande avec instance des munitions. Je vous envoie par Béville les dépêches du Maréchal, qui ne contiennent rien de nouveau.

« Le régiment des cuirassiers blancs de Monsieur de Bismark a été complétement détruit. »

———

« Maréchal Mac-Mahon à Guerre. — Paris.

« Quartier général. 19 août 1870.

« Veuillez dire au conseil des ministres qu'il peut

compter sur moi, et que je ferai tout pour rejoindre
Bazaine. »

« Maréchal Mac-Mahon à Guerre. — Paris.

« Reims, 22 août 1870, 10 h. 45 matin.

« Le Maréchal Bazaine a écrit du 18 août, qu'il
comptait toujours opérer son mouvement de retraite
vers Montmédy : par suite je vais prendre mes dispositions pour me porter sur l'Aisne.

« Prévenez le conseil des ministres et accusez-moi
réception de cette dépêche. »

« Maréchal Mac-Mahon à Guerre. — Paris.

« Le Chesne, 27 août 1870, 8 h. 30 soir.

« La première et deuxième armée, plus deux cent
mille hommes bloquent Metz, principalement sur la
rive gauche ; une force évaluée à 50,000 hommes serait
établie sur la rive droite de la Meuse pour gêner ma
marche sur Metz. Des renseignements annoncent que
l'armée du Prince Royal de Prusse se dirige aujourd'hui
sur les Ardennes avec 50,000 hommes ; elle serait déjà
à Ardeuil. Je suis au Chesne avec un peu plus de 100,000
hommes.

« Depuis le 19 je n'ai aucune nouvelle de Bazaine.
Si je me porte à sa rencontre, je serai attaqué de front
par une partie des 1re et 2e armées, qui à la faveur des
bois peuvent dérober une force supérieure à la mienne,

en même temps coupé par l'armée du Prince Royal de
Prusse m'enlevant toute ligne de retraite. Je me rapproche demain de Mézières d'où je continuerai ma
retraite selon les événements vers l'Ouest. »

—

« Guerre à Empereur. — Quartier Impérial.

« Paris, 27 août, 11 h. soir.

« Si vous abandonnez Bazaine, la révolution est dans
Paris, et vous serez attaqué vous-même par toutes les
forces de l'ennemi. Contre le dehors Paris se gardera,
les fortifications sont terminées. Ce n'est pas le Prince
Royal de Prusse qui est à Châlons, mais un des Princes
frères du Roi, avec une avant-garde et des forces considérables de cavaliers.

« Je vous ai télégraphié ce matin deux renseignements qui indiquent que le Prince Royal de Prusse,
sentant le danger auquel votre marche tournante
expose et son armée et l'armée qui bloque Bazaine,
aurait changé de direction et marcherait vers le Nord.

« Vous avez au moins 36 heures d'avance sur lui,
peut-être 48 heures.

« Vous n'avez devant vous qu'une partie des forces
qui bloquent Metz, et qui, vous voyant vous retirer de
Châlons à Reims, s'étaient étendues vers l'Argone ;
votre mouvement les avait trompées comme le Prince
Royal de Prusse.

« Ici tout le monde a senti la nécessité de dégager.

Bazaine ; et l'anxiété avec laquelle on vous suit est
extrême. »

———

Guerre à Maréchal Mac-Mahon. Sédan
au quartier général.

Paris 28 août 1870 1 h. 30 soir.

« Au nom du Conseil des Ministres et du Conseil privé
je vous demande de porter secours à Bazaine en profitant
des 30 heures d'avance que vous avez sur le Prince Royal
de Prusse ; je fais porter le Corps Vinoy sur Reims.

———

« Au ministre de la guerre. Paris »

« Sédan 31 août 1870 1 h. 15 matin.

« Mac-Mahon fait savoir au Ministre de la guerre
qu'il est forcé de se porter sur Mézières. (1)

On peut se convaincre, d'après ces dépêches, que tous
les mouvements de l'armée de Mac-Mahon ont été

(1) Quoique les opérations de l'armée de Sédan ne soient pas dans
mon programme, je reproduis ici un article publié dans un journal
belge, il donne une idée de ces tristes événements qui eurent pour
nous une si fâcheuse influence.

« Il est difficile de se rendre compte d'un fait aussi extraor-
dinaire que celui qui vient d'avoir lieu sous les murs de Sedan, où
une armée appuyée à une place forte a été obligée de se rendre.

« Après la bataille de Rezonville, le maréchal Bazaine, quoique resté
maître du terrain, avait été obligé de se replier sur Metz pour se
ravitailler en vivres et en munitions, mais l'armée prussienne, renforcée par des troupes nombreuses, était revenue vers lui, et, après
des combats glorieux pour l'armée française, menaçait de lui couper
la retraite.

subordonnés à l'impatience de Paris, et que cette impatience bien blâmable a causé sa perte.

Un Général en Chef se trouve dans une situation des plus difficiles lorsqu'il est soumis à des exigences qui l'obligent à commettre des fautes pour donner satisfaction à l'opinion publique.

« Le Maréchal Mac-Mahon, dont l'armée venait de se former au camp de Chalons, résolut alors d'aller au secours du Maréchal Bazaine ; et quoiqu'il sentît toute la témérité de cette tentative en présence des forces considérables qui marchaient vers Paris sous les ordres du Prince Royal, et qui pouvaient le prendre en flanc pendant que celles qui étaient devant Metz devaient en grande partie le combattre de front, il résolut de porter secours à l'armée de Metz et se dirigea donc de Reims et de Réthel sur Stenay.

« Arrivé au Chesne-le-Populeux, il apprit que l'avant-garde du Prince Royal avait été aperçue, et que déjà ses têtes de colonnes étaient aux prises avec les Corps de Douai et de Failly : aussitôt il ordonna un mouvement de retraite vers Mézières, car, coupé de cette ville, il ne pouvait plus ravitailler son armée. Ce mouvement était déjà commencé, lorsqu'une dépêche venue de Paris pendant la nuit l'obligea à persévérer dans une marche qui allait lui devenir fatale.

« L'armée française continua à s'avancer ; déjà elle avait en partie passé la Meuse à Mouzon lorsque les Corps des Généraux de Failly et Douai, qui étaient restés sur la rive gauche, furent vivement attaqués et se retirèrent en désordre après avoir soutenu un combat assez long.

« Le Maréchal Mac-Mahon reconnut alors pour la seconde fois l'extrême difficulté d'arriver à Metz et sentit la nécessité de renoncer à son projet : il donna aussitôt l'ordre de rétrograder vers Sédan, et quoique exténuées de fatigues, les troupes marchèrent une partie de la nuit du 30 au 31 août.

« En arrivant près de Sédan, le 12e Corps eut à soutenir un engagement où tout l'avantage resta de son côté ; mais, pendant ce temps l'armée prussienne complétait son passage de la Meuse en amont et en aval de Sédan, et commençait à couronner toutes les hauteurs qui dominent la ville. Il n'est pas sans intérêt de dire que Sédan est une place forte dominée par des collines et incapable de résister à la nouvelle artillerie.

« C'est seulement sous les murs de la capitale, disait Mac-Mahon, qui avait au plus 80,000 hommes de bonnes troupes, que mon armée reposée et reconstituée offrira à l'ennemi une résistance sérieuse. »

Mais ces paroles raisonnables n'étaient pas écoutées à

« Les approches n en sont pas défendues par des ouvrages ou des forts avancés comme à Metz et dans beaucoup d'autres places ; d'un autre côté, l'armement était fort incomplet et les approvisionements en vivres et en munitions fort restreints.

« Le lendemain 1er septembre, à cinq heures du matin, l'armée française fut attaquée sur la droite et sur la gauche à la fois. La droite de la position était occupée par les Corps Ducrot et Lebrun ; la gauche par les Corps Wimpfen et Douai.

« Le Maréchal Mac-Mahon monta aussitôt à cheval et se porta sur les fronts d'attaque les plus avancés pour reconnaître les positions ; l'Empereur, qu'il avait fait prévenir, était également monté à cheval et sortait de la ville lorsqu'il rencontra le Maréchal qu'on ramenait dans un fourgon d'ambulance blessé à la cuisse gauche d'un éclat d'obus. Le commandement avait été pris par le Général de Wimpfen comme étant le plus ancien.

« Le combat se soutint énergiquement pendant plusieurs heures ; mais, vers 2 heures de l'après-midi les troupes furent repoussées et se portèrent jusque dans la ville, dont les rues se trouvèrent bientôt encombrées de chariots, de voitures d'artillerie, d'hommes d'infanterie, et de cavalerie, le tout dans la plus grande confusion.

« L'Empereur, se rendant sur le champ de bataille, se porta d'abord vers le Corps du Général Lebrun à Balon où l'action était très-vive, et de là vers le centre encourageant de sa présence les troupes et montrant le plus grand sang-froid au milieu des projectiles qui tombaient autour de lui.

« Après être resté quatre heures sur le champ de bataille et avoir parcouru les points où le danger était le plus fort, il revint en ville et se rendit chez le Maréchal Mac-Mahon.

« Voulant ressortir ensuite, il ne put traverser les rues, tellement elles étaient encombrées, et il fut forcé de rester dans la place. Les obus pleuvaient sur la ville, allumaient plusieurs incendies, frappaient

Paris ; et, sans tenir compte de l'impossibilité matérielle de percer avec des forces aussi restreintes l'armée du Prince Royal de Prusse (150,000 hommes) ayant sa droite à Verdun, sa gauche à Bar-le-Duc et celle du Prince Royal de Saxe (100,000 hommes), la gauche à Verdun, la droite à la Belgique, on voulait à tout prix

des blessés dans les maisons et semaient la mort dans les rues, en tombant sur des masses profondes d'hommes entassés les uns sur les autres. — Le général Guyot de Lespars fut tué à ce moment, dans une rue.

« Forcé de rester dans la ville, l'Empereur s'installa à la sous-préfecture qui se trouvait au centre de cette pluie de feu.

« Plusieurs obus vinrent éclater sur le toit et dans la cour de cette résidence où arrivèrent bientôt les commandants des différents Corps annonçant que la résistance devenait impossible.

« Les obus prussiens tombaient dans ce flot humain, y portaient la mort à chaque coup ; et les murs des remparts de la ville, loin de servir d'abris à cette armée allaient devenir la cause de sa perte.

« Reconnaissant alors l'impossibilité d'une résistance utile, on fut obligé de demander à parlementer, et un drapeau blanc fut hissé sur le sommet de la forteresse vers 5 heures du soir.

« Dans ce moment, l'armée prussienne, forte de plus de 250,000 hommes, avait resserré son cercle ; une artillerie formidable occupait toutes les hauteurs qui dominent la ville, et son infanterie avait pu s'avancer jusque sur les glacis de la place.

« Le Roi de Prusse envoya alors un aide de camp à l'Empereur pour demander la reddition de la place et la capitulation de l'armée.

« L'Empereur ne voulut point répondre pour l'armée et laissa ce soin au Général Wimpfen qui en avait le commandement en chef ; mais il fit connaître au Roi de Prusse qu'il se rendrait à lui de sa personne.

« Dans un Conseil de guerre présidé, par le Général en chef on reconnut à l'unanimité que l'armée, sans vivres sans munitions, entassée dans les rues de la ville, déjà en désordre, était dans l'impossibilité de faire aucun mouvement et ne pouvait plus espérer de se frayer un passage de vive force à travers les rangs de l'ennemi : il devenait par conséquent inutile de prolonger une résistance dont

dégager Bazaine enveloppé lui-même par le Prince
Frédéric-Charles auquel il restait encore 240,000 hommes, et ni Mac-Mahon ni Bazaine n'étaient assez forts
pour se réunir en traversant les armées ennemies.

Quant à l'armée du Maréchal Bazaine, après ce
nouveau désastre, elle demeurait complétement iso-
lée et enfermée autour de Metz, sous le protection
des forts avec des approvisionnements en vivres
et en munitions de plus en plus restreints.

Le nombre des combattants, dans les journées du 14,
du 16, du 18 et du 31, avait été diminué d'au moins
30,000 hommes hors de combat, sans qu'il fût possible
de combler ces vides, tandis que l'armée du Prince
Frédéric entretenait toujours un effectif de 230 à
240,000 hommes comme l'indique la dépêche du Maréchal de Mac-Mahon datée du Chesne 27 août.

Il fallait certainement compter, dans de pareilles
conditions, avec un tel adversaire, après avoir laissé
échapper le moment favorable.

le seul résultat serait de faire massacrer nos soldats, et tout le monde
fut contraint d'accepter la capitulation.

« Le Général Wimpfen vint faire connaître à l'Empereur le résultat de cette délibération, et lui dit que seul il pouvait obtenir de meilleures conditions pour l'armée.

« En effet le Roi avait offert à l'Empereur une entrevue qui eut lieu
vers 7 heures, dans un château près de Sedan ; quoiqu'il fût dit que
si ces conditions n'étaient pas acceptées à 9 heures, les hostilités recom-
menceraient, l'entrevue fut retardée jusqu'à ce que les conditions de
la capitulation eussent été acceptées par le Général Wimpfen. — Tel
est le récit exact de cette catastrophe qui remplit de douleur tout
cœur de soldat. »

CHAPITRE III

SITUATION DE L'ARMÉE APRÈS LA BATAILLE DE SERVIGNY.

Après la bataille de Servigny, ce ne sont plus des tentatives sérieuses, mais seulement des affaires d'avant-postes ou des opérations avortées ; néanmoins très-meurtrières.

Le 22 septembre, à Lauvalières, après un combat

9

qui dura quelques heures, le 3ᵉ Corps fit un fourrage insignifiant.

Le 27, eut lieu une attaque combinée sur Mercy-le-Haut, Peltre et Colombey par le 3ᵉ Corps; en même temps le 6ᵉ Corps enlevait les bois de Vappy, la ferme de Sainte-Agàthe et le château de Ladonchamp.

Tous ces villages bien approvisionnés renfermaient des ressources; mais le peu d'importance donné à ces attaques rendit les ravitaillements insignifiants. Les Prussiens y mirent le feu en se retirant.

Le 2 octobre, nouvelle attaque sur Ladonchamp. Le colonel Gibon s'y maintint avec son régiment, et prit ou tua tout ce qui s'y trouvait.

Le 7 octobre, attaque aux Grandes-Tappes par le 6ᵉ Corps et la Garde, nos pertes furent considérables.

Le 13, nouvel engagement à Plappeville; les troupes de la division Lorencez s'emparèrent du Châlet de la Sapinière de Lessy, s'installèret à Lessy et s'y fortifièrent.

Toutes ces sorties, sans résultats importants, malgré un assez grand nombre de tués et de blessés, maintenaient toujours l'armée dans la mauvaise position qu'elle occupait sous les murs de Metz.

Au 25 septembre, la cavalerie n'avait déjà plus de chevaux susceptibles de supporter des fatigues; il en restait encore tout au plus 150 par régiment, car depuis la fin d'août on en prenait tous les jours pour l'alimention de la troupe et des habitants.

Les bivouacs de cavalerie présentaient le plus triste spectacle que l'on puisse imaginer : un grand nombre de nos malheureux chevaux, devenus étiques, couverts de plaies, ayant les crins rongés, complétement épuisés, tombaient morts dans la boue.

Ceux qui résistaient vivaient de racines et de feuilles, car ils touchaient à peine par jour 2 à 3 kilos de rations régulières en grain mélangé ou en fourrages, après avoir reçu au mois d'août 6 à 7 kilos d'avoine qu'ils gaspillaient ; ces pauvres bêtes étaient tellement affaiblies que beaucoup s'affaissaient sous le poids de la selle (1).

Nous éprouvâmes une profonde tristesse en voyant périr aussi misérablement tous ces bons animaux, qui étaient devenus nos compagnons d'infortune et auxquels quelques-uns d'entre nous avaient dû certainement la vie à Rézonville.

Pendant la première quinzaine de septembre, des pluies continuelles mettaient les bivouacs dans de très-mauvaises conditions de salubrité ; mais l'armée souffrait surtout moralement de ce *statu quo* ; et plus le temps s'avançait, plus sa situation devenait inquiétante.

Je reproduis ci-dessous l'appréciation du Général Changarnier sur les sorties du Maréchal Bazaine parce qu'elle donne une très-juste idée de ce qui existait, elle est extraite de l'*Indépendance belge* du 20 novembre 1870 :

(1) On a reproché au Maréchal d'avoir fait distribuer des blés en gerbes pour l'alimentation des chevaux, c'était généralement des blés avariés, et on en donnait tout au plus par cheval 2 à 3 kilos sans autre nourriture.

« .... Regardez les sorties de Bazaine, dit-il ; il n'a jamais fait un effort sérieux pour se dégager, jamais ! Chaque sortie n'était qu'un simulacre, c'était pour sauver les apparences, et pour rien d'autre.

« Il y avait encore 4 officiers supérieurs, qui avec Bazaine opinaient pour l'inaction ; j'ai vu toutes les manœuvres militaires, ce n'était que des simulacres : Bazaine et ses amis n'ont pas agi en soldats, ils n'avaient en vue que leur avenir personnel ; les sorties ont toujours été faites avec des forces restreintes et évidemment sans idée arrêtée de les faire réussir, bien qu'elles fussent fièrement exécutées, comme l'histoire le dira à l'honneur des soldats français.

« Les combats étaient de pures manifestations d'héroïsme, mais en même temps des massacres inutiles...... »

Le général Changarnier ajoute encore :

« .... Après que Bazaine a été poussé dans Metz le 19 août, il aurait pu s'esquiver ou sortir crânement avec toute son armée pendant les derniers 13 jours d'août, pendant les 30 jours de septembre et la première quinzaine d'octobre.

« Cela est d'une certitude absolue ; il a eu cinquante-huit jours pour faire sa sortie avec les soldats les plus braves et les plus expérimentés.

« Pourquoi Bazaine n'aurait-il pas pu sortir avec de pareils soldats, avec une bonne artillerie, une bonne cavalerie, la meilleure infanterie du monde, des approvisionnements suffisants ?

« Je vous l'ai dit, Bazaine est un égoïste : il voulait

être un héros, et en pensant à la paix qui allait se faire,
il se disait : Le monde dira que j'ai tenu à Metz, alors
que la France livrait ses forteresses les unes après les
autres entre les mains de ses ennemis. »

« Après cela dans les derniers 15 jours de l'investissement de Metz, toute sortie, toute tentative d'échapper
ou de faire une attaque était devenue impossible... »

Je ne partage pas cependant complétement l'opinion
de l'illustre Général sur les dates qu'il fixe pour la trouée.

Pendant la deuxième quinzaine de septembre notre
cavalerie était déjà tellement réduite et affaiblie, les
chevaux d'artillerie si épuisés, la ration tant diminuée qu'il eût été impossible d'entreprendre un mouvement hardi : il n'y avait plus dès lors qu'à faire
une guerre de position pour chercher à se ravitailler,
conserver avec le plus grand soin toutes ses ressources,
diminuer encore la ration si cela était possible, essayer
d'élargir le cercle, ce qui aurait dû être fait depuis
longtemps, mais surtout administrer avec la plus
grande économie.

INCIDENT REGNIER.

Le Maréchal Bazaine commençait à s'apercevoir qu'à
la suite des résultats insignifiants de ces opérations
entreprises trop légèrement, l'armée allait bientôt se
trouver dans une cruelle position, et toutes les probabilités paraissant aussi lui être contraires, il devait
prévoir une catastrophe ou compter pour se relever sur

un heureux hasard, lorsqu'une circonstance imprévue vint lui apporter un peu d'espoir.

Un certain Monsieur Regnier, voulant essayer de restaurer l'Empire ou la régence, s'était mis en relation avec l'Impératrice et avait cherché à obtenir son consentement aux démarches qu'il devait entreprendre dans ce but.

L'Impératrice, après avoir été abandonnée par les Chambres dans un moment où elle aurait pu compter sur leur appui, prévoyant bien que toute intervention de sa part amènerait des complications qui gêneraient la défense et occasionneraient probablement la guerre civile, refusa énergiquement de s'associer à aucune manifestation faite dans ce sens.

Monsieur Regnier, tenace, entreprenant, et ne tenant pas compte de ce refus, demanda au Prince Impérial une photographie d'Hastings avec quelques lignes de son écriture qui devaient lui servir d'introduction près de l'Empereur à Wilhemshœhe ; mais auparavant il eut l'idée de voir Monsieur de Bismark, pour lui faire part de son projet.

Il fut fort bien reçu par le ministre du Roi Guillaume, très-embarrassé de sortir de l'impasse vers laquelle l'avait conduit la chute de l'Empire, qui n'avait pas été remplacé par un gouvernement régulièrement reconnu par le Pays et avec lequel la Prusse pût entamer des négociations.

Les deux places de Strasbourg et de Metz devenaient surtout pour Monsieur de Bismark d'une très-grande importance, car leur abandon devait justifier ses prétentions sur la Lorraine et l'Alsace. Ne prévoyant pas qu'au milieu d'une révolution, la défense pût s'organiser sérieusement, il pensait que la reddition de ces deux places mettrait un terme à la guerre.

Le ministre prussien accepta donc avec empressement les offres de Monsieur Regnier qui lui proposa une convention pour l'armée de Metz, par laquelle cette armée pourrait sortir avec drapeaux, armes et bagages, et être transportée dans l'intérieur en promettant de ne plus servir contre la Prusse pendant la campagne : son rôle devait être de maintenir l'ordre et de protéger la réunion des anciennes Chambres que l'on voulait de nouveau convoquer.

Vers le 25 septembre, Monsieur Regnier, muni d'un sauf-conduit de Monsieur de Bismark, vint à Metz avec ses pouvoirs, se présenta chez le Maréchal Bazaine, lui fit part de ses projets et l'engagea à se joindre à lui pour insister près de l'Impératrice.

Le Général Bourbaki que ses sympathies rattachaient particulièrement à la famille Impériale, se chargea de cette délicate mission ; mais à peine eut-il quitté Metz qu'il comprit la gravité de cette démarche et l'importance qu'elle pouvait peut-être exercer dans l'avenir sur le sort de l'armée.

Nullement convaincu du bon résultat qu'il devait obtenir, il ne parvint pas à modifier les idées bien arrêtées de l'Impératrice ; mécontent surtout d'avoir quitté son poste devant l'ennemi, il fit demander par l'ambassadeur d'Angleterre au Roi de Prusse l'autorisation de le rejoindre ; le Maréchal Bazaine, ne voyant pas revenir le Général Bourbaki, refusa les proposition de Monsieur Regnier.

Néanmoins cette idée ne fut pas écartée par le Maréchal, d'autant plus qu'à la date du 1er octobre la situation devenait de plus en plus critique.

Nos régiments de cavalerie étaient réduits à 80 chevaux au plus, chétifs et malingres ; — les malades et les blessés encombraient les ambulances, qui manquaient déjà de médicaments ; — le moral se soutenait, mais on commençait néanmoins à se préoccuper sérieusement de l'avenir.

Les cavaliers démontés reçurent des fusils d'infanterie ; la division de dragons du Général de Clérembault envoya 8 escadrons à pied au fort des Bordes pour servir les pièces et prendre complétement la défense de cet ouvrage avancé.

La population s'inquiétait : les hommes du parti exalté accusaient le Maréchal Bazaine d'affamer la ville en conservant autour d'elle cette armée qu'ils trouvaient maintenant inutile, parce que les forts étaient prêts et approvisionnés. Ils prétendaient que la place pouvait se défendre seule ; et une protestation signée par quelques habitants fut adressée au Maréchal pour demander l'éloignement des troupes qu'il commandait.

Cette démarche n'était pas trop d'accord avec le langage du Général Coffinières dans sa proclamation du 13 septembre contresignée par le maire et le préfet :

« . . . . *L'armée qui est sous nos murs ne nous quittera pas, elle restera avec nous pour résister aux ennemis qui nous entourent.* »

LETTRE DU MARÉCHAL BAZAINE AUX COMMANDANTS
DES CORPS.

Le Maréchal, s'apercevant que les circonstances devenaient graves, comprit combien était grande la responsabilité qu'il assumait. Sachant que la mission de Monsieur Jules Favre n'avait pas réussi et que la Constituante ne serait pas convoquée, il écrivit le 7 octobre aux Commandants des Corps d'armée et aux Chefs des armes spéciales la lettre suivante :

« Ban Saint-Martin, 7 octobre 1870.

« Le moment approche où l'armée du Rhin se trouvera dans la position la plus difficile peut-être qu'ait jamais dû subir une armée française.

« Les graves événements militaires et politiques qui se sont accomplis loin de nous et dont nous ressentons le douloureux contre-coup n'ont ébranlé ni notre force morale, ni notre valeur comme armée ; mais vous n'ignorez pas que des complications d'un autre ordre s'ajoutent journellement à celles que créent pour nous les faits extérieurs.

« Les vivres commencent à manquer, et dans un délai qui ne sera que trop court, ils nous feront absolument défaut. L'alimentation de nos chevaux de cavalerie et de trait est devenue un problème dont chaque jour qui s'écoule devient de plus en plus improbable ; nos chevaux vont dépérir et disparaître.

« Dans ces graves circonstances, je vous ai appelés

pour vous exposer la situation et vous faire part de mon sentiment : le devoir d'un Général en chef est de ne rien laisser ignorer en pareille occurrence aux Commandants des corps d'armée placés sous ses ordres et de s'éclairer de leurs avis et de leurs conseils.

« Placé plus immédiatement en contact avec les troupes, vous savez certainement ce que l'on peut attendre d'elles, ce que l'on doit en espérer. Aussi, avant de prendre un parti décisif, ai-je voulu vous adresser cette dépêche pour vous demander de me faire connaître par écrit, après un examen très-mûri et très-approfondi de la situation et après en avoir conféré avec vos généraux de division, votre opinion personnelle et votre appréciation motivée.

« Dès que j'aurai pris connaissance de ce document dont l'importance ne vous échappera pas, je vous appellerai de nouveau dans un conseil suprême d'où sortira la solution définitive de la situation de l'armée dont Sa Majesté l'Empereur m'a confié le commandement.

« Je vous prie de me faire parvenir dans les 48 heures l'opinion que j'ai l'honneur de vous demander, et de m'accuser réception de la présente dépêche. »

A cette même date, 7 octobre, le *Journal officiel* disait : « La position de Bazaine est toujours excellente. »

(Article signé par tous les membres de la défense nationale.)

CHAPITRE IV

CONSEIL DE GUERRE ASSEMBLÉ LE 10 OCTOBRE SOUS LA PRÉSIDENCE DU MARÉCHAL BAZAINE.

Le 10 octobre un Conseil de guerre présidé par le Maréchal Bazaine et auquel assistèrent les Maréchaux Canrobert, le Bœuf, les Généraux Frossard, Ladmirault, Desvaux, Coffinières, Soleille et l'intendant en chef le Brun, fut réuni au grand quartier général.

Le Maréchal Bazaine ouvrit la séance en donnant lecture de quelques-uns des rapports faits par les Commandants de corps d'armée et par les Chefs des armes spéciales.

Au point de vue militaire, le Conseil déclara à l'unanimité que l'armée ne pouvait plus tenir la campagne, que toute tentative de ravitaillement devenait impossible et qu'une lutte suprême aménerait probablement un désastre analogue à celui de Sédan.

Il fut alors décidé que le général Boyer, aide de camp du Maréchal Bazaine, serait envoyé au Grand Quartier Royal à Versailles pour tâcher de connaître la situation réelle de la France, les intentions des autorités prussiennes au sujet d'une convention militaire et les concessions que l'on pouvait en attendre.

Le Maréchal Bazaine se mettait ainsi à la merci du Roi de Prusse et de son ministre qui avaient intérêt à le tromper sur la situation de la France, afin d'en finir le plus tôt possible avec Metz pour disposer des troupes du Prince Frédéric-Charles contre les nouvelles armées qui se formaient sur la Loire, en Bretagne et dans le Nord.

Le général Coffinières fut seul, dans le Conseil, opposé à cette mesure.

« A la suite de quelques considérations politiques, écrit-il dans une brochure publiée après la capitulation, je fis observer : que le gouvernement de la défense nationale devait convoquer une Constituante, et qu'il fallait attendre cette nouvelle manifestation de la volonté du Pays ; que si l'Empire conservait ses adhé-

reuts, il serait acclamé de nouveau, mais que le plus
mauvais service que l'on pourrait lui rendre serait de
le restaurer par des baïonnettes françaises et prussiennes ; que l'on ne pouvait pas considérer comme non
avenue la captivité de l'Empereur et le départ de
l'Impératrice ; qu'il me semblait étrange que le Roi de
Prusse ne voulût traiter qu'avec la Régence, parce que,
dans ses premières proclamations, il disait qu'il ne
faisait la guerre qu'à l'Empire ; qu'enfin il n'était pas
admissible que les Prussiens nous laissassent rentrer
en France pour rétablir l'ordre, et que ces ouvertures
n'étaient qu'un leurre pour nous faire arriver à l'épuisement de nos faibles ressources. »

L'extrait du procès-verbal concernant la décision
prise par le Conseil était ainsi conçu :

« .... Après avoir rappelé les principaux traits de
la situation, le Maréchal Bazaine a ajouté que, malgré
toutes les tentatives faites pour se mettre en communication avec la Capitale, il ne lui était jamais parvenu
aucune nouvelle officielle du gouvernement ; qu'aucun
indice d'une armée française opérant pour faire une
diversion utile à l'armée du Rhin ne lui avait été si-
gnalé.

« De l'examen de nos ressources alimentaires de toute
sorte il résultait : qu'en faisant tous les efforts imagina-
bles, en fusionnant les ressources de la ville avec celles
de la place et de l'armée, en réduisant la ration jour-
nalière du pain à 150 grammes, en rationnant les habitants, en consommant les réserves des forts et en
réduisant le blutage des farines au taux le plus bas sans

comprometttre la santé des hommes, il était possible
de vivre jusqu'au 20 octobre inclus, y compris les deux
jours de biscuit existant dans les sacs des hommes (1).

« Tous les chevaux devant servir à l'alimentation
étaient considérés comme sacrifiés, vu l'impossibilité de
les nourrir autrement que par un pacage presque illu-
soire, et la mortalité faisant chaque jour chez ces animaux des progrès effrayants.

« Il fut déclaré ensuite que l'état sanitaire était gra-
vement compromis dans la place, tant par l'accumula-
tion de 19,000 blessés ou malades que par le défaut de
médicaments, de moyens de couchage, de locaux et
d'abris et par l'insuffisance du nombre des médecins.

« Les rapports du médecin en chef constataient que
le typhus, la variole, la dissenterie et le cortége des
maladies épidémiques commençaient à envahir les
établissements hospitaliers et à se répandre dans la
ville.

« L'affaiblissement causé par la mauvaise alimentation à laquelle on était réduit, ne pouvait qu'augmenter ces causes morbides.

« On constate que les ambulances et les hôpitaux
étaient encombrés ; que près de 2,000 malades ou blessés étaient encore recueillis chez les habitants, et la
conclusion fut que si un nombre considérable de blessés devait de nouveau être dirigé sur la place, il y aurait d'abord *impossibilité de les installer, mais surtout
danger immédiat pour la santé publique.*

(1) La ration, portée d'abord à 150 grammes, fut réduite quelques
jours après à 50 grammes.

« Cet exposé de la situation de nos ressources et de l'état sanitaire étant connu de tous les membres du Conseil de guerre, on passa à l'examen de la situation militaire.

« Après lecture faite au Conseil des rapports des Commandants des corps d'armée et de la place de Metz, la situation militaire se résuma dans les questions suivantes :

« 1° L'armée doit-elle tenir sous les murs de Metz jusqu'à l'entier épuisement de ses resources alimentaires ?

« 2° Doit-on continuer à faire des opérations autour de la place pour essayer de se procurer des vivres et des fourrages ?

« 3° Peut-on entrer en pourparlers avec l'ennemi pour traiter d'une convention militaire ?

« 4° Doit-on tenter le sort des armes et chercher à percer les lignes ennemies ?

« La première question est résolue affirmativement à l'unanimité, par cette raison que la présence de l'armée sous les murs de Metz y retient en les immobilisant 240,000 ennemis, et que, dans les conditions où elle se trouve, le plus grand service que l'armée du Rhin puisse rendre au Pays c'est de gagner du temps et de lui permettre d'organiser la résistance dans l'intérieur.

« La 2ᵉ question est résolue négativement à l'unanimité en raison du peu de probabilités qu'il y a de trouver des rations suffisantes pour vivre quelques jours de plus, à cause des pertes que ces opérations occasionneraient et de l'effet dissolvant que leur insuccès pourrait avoir sur le moral de la troupe.

« La 3e question est résolu, affirmativement à l'unanimité, à la condition toutefois d'entamer les ouvertures dans un délai qui ne dépassera pas quarante-huit heures afin de ne pas permettre à l'ennemi de retarder le moment de la conclusion de la convention jusqu'au jour et peut-être au delà du jour de l'épuisement de nos ressources,

« Tous les membres du Conseil de guerre déclarent énergiquement que les clauses de la convention devront être honorables pour nos armes et pour nous-mêmes.

« La 4e question en amène une cinquième. Monsieur le général Coffinières de Nordeck demande s'il ne serait pas préférable de tenter le sort des armes avant d'entamer les négociations, le succès de cette tentative pouvant rendre les pourparlers inutiles, ou bien le résultat de nos efforts devant peser dans la balance en raison des pertes que nous aurions fait subir à l'ennemi.

« Cette question est écartée par la majorité, et il est décidé à l'unanimité que si les conditions de l'ennemi portent atteinte à l'Honneur militaire, on essaiera de se frayer un chemin par la force, avant d'être épuisé par la famine et tandis qu'il reste la possibilité d'atteler encore quelques batteries.

« Il est donc convenu et arrêté :

« 1o Que l'on tiendra sous Metz le plus longtemps possible.

« 2o Que l'on ne fera pas d'opérations autour de la place, le but à atteindre étant plus qu'improbable.

« 3° Que des pourparlers seront engagés avec l'ennemi dans un délai qui ne dépassera pas 48 heures, afin de conclure une convention militaire acceptable et honorable pour tous.

« 4° Que dans le cas où l'ennemi voudrait imposer des conditions incompatibles avec notre Honneur et le sentiment du devoir militaire, on tentera de se frayer un passage les armes à la main.

« Suivent les signatures :

« Maréchal Canrobert, commandant le 6ᵉ Corps.

« Général Frossard, commandant le 2ᵉ Corps.

« Maréchal le Bœuf, commandant le 3ᵉ Corps.

« Général de Ladmirault, commandant le 4ᵉ Corps.

« Général Desvaux, commandant provisoirement la Garde Impériale.

« Général Soleille, commandant l'artillerie de l'armée.

« Général Coffinières de Nordeck, commandant supérieur de Metz.

« Intendant Lebrun, intendant en chef de l'armée.

« Maréchal Bazaine, Commandant en chef de l'armée du Rhin. »

La 4ᵉ clause de ce procès-verbal devenait bien tardive ; il eût été plus efficace de la mettre à exécution quand il en était encore temps et lorsque les troupes pouvaient tenter une attaque vigoureuse avec quelques chances de succès.

LA VILLE ET LES CAMPS.

La journée du 11 octobre fut très-agitée à Metz ; et pendant que le bruit de négociations commençait à se répandre, on faisait circuler en ville une dépêche manuscrite annonçant trois victoires sous Paris, 180,000 prisonniers , la retraite de l'armée prussienne et la reprise de Lunéville par les francs-tireurs des Vosges. Tandis qu'une députation des officiers de la garde nationale se présentait chez le général Coffinières pour lui demander la confirmation de ces nouvelles, un d'entre eux arracha l'aigle du drapeau de l'hôtel de ville et le jeta sur la place (1).

(1) A cette époque le temps était depuis 15 jours constamment pluvieux ; les soldats demeuraient littéralement dans l'eau ou la boue , et ne possédaient plus que de mauvais vêtements impossibles à remplacer ; ils étaient aussi mal abrités sous des petites tentes à moitié pourries par l'humidité.

Je commandais au fort des Bordes deux escadrons de la division de dragons à pied ; je fis creuser à mes hommes des huttes en terre dans lesquelles ils construisirent des cheminées pour cuire leurs aliments et sécher leurs effets constamment mouillés.

Les officiers et la troupe ne touchaient plus ni café, ni sel, ni riz, ni eau de vie, 50 grammes de pain de son seulement et de la viande de cheval tellement maigre qu'il était très-difficile d'en faire de la soupe.

Plusieurs d'entre nous avaient, à l'aide de soins constants, conservé les chevaux qui leur appartenaient : ces malheureux animaux ne vivaient que d'écorce d'arbres et de racines, on leur donna même de la viande de cheval, quelques-uns en mangèrent ; il n'existait plus ni grains ni fourrages.

Néanmoins le moral de la troupe restait bon ; la nouvelle de ces prétendues victoires remportées sous Paris produisit parmi tous ces

Le 12 octobre, le Maréchal Bazaine adressait à un journal de Metz le communiqué suivant :

« Le Maréchal Commandant en Chef l'armée du Rhin, n'ayant reçu aucune nouvelle affirmant les heureux faits de guerre qui se seraient passés à Paris, se borne à en souhaiter la réalisation, et assure les habitants de Metz que rien ne leur est caché : qu'ils aient donc confiance dans sa loyauté.

pauvres diables une joie immense qui devait être de courte durée ; en apprenant la réalité, je les réunis autour de moi et leur dis :

« Quoique depuis hier, il circule à Metz, en faveur de nos armes, d'excellentes nouvelles qui ont semblé se confirmer aujourd'hui, je n'ai pas voulu vous les annoncer avant qu'elles fussent tout à fait certaines.

« Nous devons voir notre position comme elle existe réellement, avec calme et sans exagération.

« L'armée a soutenu sous les murs de Metz de glorieuses luttes dans lesquelles toutes les armes ont combattu avec l'énergie et la valeur qui sont le privilège de notre Nation.

« Cependant il nous reste encore bien des difficultés à vaincre.

« Enveloppés par des forces considérables, nous sommes maintenant réduits à une pénible inaction ; mais si l'ennemi, repoussé, bat en retraite, nous tomberons sur ses derrières et nous contribuerons à faire prisonnière cette immense armée de près d'un million de combattants qui a envahi notre territoire.

« Metz est la meilleure place de notre frontière, nous devons la conserver à tout prix.

« Officiers et soldats, nous endurerons ensemble avec résignation et persévérance toutes les misères, toutes les privations, car c'est dans ces circonstances suprêmes que nous prouverons réellement notre dévouement à la Patrie ! »

J'ai retracé ici les dispositions physiques et morales des escadrons que j'avais sous mes ordres parce qu'elles donnent une idée de l'état général de l'armée qui se trouvait alors dans les mêmes conditions de malaise.

« Du reste jusqu'à ce jour le Maréchal a toujours communiqué à l'autorité militaire de Metz les journaux français ou allemands tombés entre nos mains.

« Il profite de cette occasion pour assurer que depuis le blocus il n'a jamais reçu la moindre communication du gouvernement, malgré toutes les tentatives faites pour établir des relations.

« Quoi qu'il advienne, une seule pensée doit en ce moment absorber tous les esprits. C'est la défense du Pays, un seul cri doit sortir de toutes les poitrines :

« Vive la France ! »

Néanmoins, malgré un certain nombre d'agitateurs et les souffrances qui existaient réellement, la population et l'armée étaient prêtes à tous les sacrifices pour prolonger la résistance.

Dans leurs nos du 15 et 16 octobre, tous les journaux de Metz reproduisirent le passage suivant extrait d'une lettre que j'écrivais à un de mes amis :

Sous les murs de Metz, 14 octobre 1870.

« . . . .

« L'armée de Metz, qui n'a jamais été vaincue, sait aussi lutter contre la misère, et, pleine d'enthousiasme, elle n'attend qu'une occasion favorable pour prendre une revanche éclatante de l'inaction dans laquelle l'a plongée ce blocus.

« Ses cavaliers démontés, devenus de solides fantassins, servent aussi aux avant-postes des pièces de siége ; et remettant le sabre au fourreau pour prendre gaiement le chassepot, ils désirent encore être utiles et rivaliser avec leurs braves camarades de l'infanterie.

« Soldats et citoyens, nous voulons tous chasser l'ennemi audacieux qui a envahi notre territoire.

« Nous voulons connaître les plus pénibles privations, nous voulons les endurer pour rester dignes de nos aïeux ou de nos pères, et nous trouvons que nous n'avons pas encore accompli cette grande tâche !

« Quand le froid raidira nos bras, — quand la faim aura amaigri nos membres, quand le corps s'affaissera, le cœur soutiendra ce corps affaibli, et nous resterons toujours debout pour crier vengeance, pour demander la mort plutôt que la honte et l'humiliation.

« Et vous, habitants d'une héroïque cité, vous justement glorieux de votre ville, que l'étranger n'a jamais profanée, vous êtes Français avant tout !

« Vos nobles et généreuses compagnes qui ont si courageusement prouvé leur dévouement à l'armée et au Pays, ont foulé aux pieds tous les intérêts personnels pour venir, en pieuses sœurs de charité, apporter des consolations aux blessés et ranimer les mourants par leurs soins assidus ; ces vaillantes Femmes couronneront leur œuvre de désintéressement en souffrant avec vous les privations.

« Metz, cette ville qui a donné naissance à tant de Grands Caractères, aura par sa persévérance l'Honneur de sauver la Patrie !

« Elle montrera que rien ne peut l'émouvoir, et

comme ses dignes sœurs : Strasbourg , Toul , Verdun,
Montmédy, Thionville, elle luttera avec toute l'énergie
du désespoir , car elle préférera devenir un monceau
de ruines, plutôt que de parer le domaine de l'étranger.

« Courage donc et patience !

« A bas toutes les mesquines considérations !

« A bas toutes les querelles intestines !

« Oublions pour le moment nos vieilles rancunes.

« Que tous les partis s'unissent pour la cause com-
mune et proférons tous ensemble le seul cri à présent
National :

                              « Vive la France ! »

Le premier magistrat municipal de Metz fut chargé
de déclarer ce qui suit au Général commandant la place,
prié lui-même de transmettre ces fermes paroles au
Maréchal Bazaine :

            « Monsieur le Général ,

« La démarche faite près de vous par les officiers
de la garde nationale a été inspirée par leur sérieuse
résolution de s'associer énergiquement à la défense de
la ville.

« La garnison, à qui appartient cette défense, peut
compter sur l'ardent concours d'une population incapable de faiblesse , quoi qu'il arrive.

« Les communs efforts de l'une et de l'autre garderont jusqu'aux dernières extrémité à la France sa princi-

pale forteresse et aux Messins une nationalité à laquelle ils tiennent comme à leur bien le plus cher.

« Le Conseil municipal se fait l'interprète de la Cité tout entière, il ne peut se défendre d'exprimer son douloureux étonnement de la tardive connaissance qui lui est donnée, par votre lettre de ce jour seulement, des ressources et subsistances sur laquelle le Commandant supérieur peut compter pour assurer la défense de la place.

« La population en subira néanmoins la conséquence avec courage ; elle ne veut sous aucune forme assumer la responsabilité d'une situation qu'il ne lui a pas été donné de connaître ni de prévenir.

« Nous vous prions, Monsieur le Général, de faire parvenir à Monsieur le Maréchal Bazaine cette expression de nos sentiments ; ils se résument dans le cri de :

« Vive la France ! »

Une adresse toute confraternelle à l'armée du Maréchal Bazaine signée par la garde nationale, qui prit, à partir du 15 octobre, le service des postes de la ville, était ainsi conçue :

« A nos frères de l'armée,

« Les citoyens et gardes nationaux de la ville de Metz, inspirés par les nobles résolutions du Conseil municipal, viennent vous offrir leur concours pour défendre l'indépendance de la Patrie menacée. Ils sont convaincus que vous accueillerez avec bonheur cette démarche et que vous résisterez avec nous à toute idée de capitulation.

« L'Honneur de la France et du drapeau que vous avez toujours défendu avec une invincible vaillance, la Gloire de notre Cité vierge de toute souillure, nos obligations envers la Postérité, nous imposent l'impérieux devoir de mourir plutôt que de renoncer à l'intégrité de notre territoire.

« Nous verserons avec vous la dernière goutte de notre sang, nous partagerons avec vous notre dernier morceau de pain

« Levons-nous comme un seul homme : la victoire est à nous.

« Vivent nos frères de l'armée !

« Vive la France une et indivisible ! »

(Suivent les signatures des citoyens et des gardes nationaux.)

Malheureusement d'aussi patriotiques résolutions devenaient inutiles, car on avait trop longtemps caché à la ville et à l'armée la triste position dans laquelle elles se trouvaient. Mais je veux surtout témoigner ma sincère reconnaissance et rendre publiquement Hommage aux Femmes de toutes les classes de la société qui pendant la durée du blocus de Metz, furent si admirables de dévouement et d'abnégation.

Soignant ou consolant avec une bonté parfaite les malades et les blessés, elles bravaient les dangers continuels des épidémies en montrant la constance et la modestie du véritable Courage.

C'est une belle page qu'elles ont inscrite dans les annales de cette infortunée Cité, que le sort de la guerre devait éprouver d'une façon si funeste.

CHAPITRE V

AUTORISATION ACCORDÉE AU GÉNÉRAL BOYER, DE SE RENDRE
A VERSAILLES.

Le Roi de Prusse accorda le 12 par dépêche télégra-
phique, après l'avoir refusé le 11, l'autorisation
demandée pour le général Boyer de se rendre au Grand
Quartier Royal à Versailles.

Le général partit aussitôt, accompagné de deux officiers de l'état-major du Prince Frédéric-Charles, il
parcourut en chemin de fer le trajet de Metz à Château-
Thierry ; le service des trains fut interrompu pour
rendre son voyage plus rapide ; à Château-Thierry une
voiture aux armes du Roi le transporta à Versailles.

A son arrivée dans cette ville, on ne le laissa pas
communiquer librement ; mais il fut reçu par le Comte
de Bismark qui transmit au Roi sa demande d'audience ;
introduit presque de suite, il se trouva en présence d'un
Conseil de guerre, auquel assistaient sous la présidence
du Roi les principaux Chefs de l'armée prussienne.

Quand le général Boyer eut exposé le but de sa mission, le Comte de Moltke prit la parole et déclara que
dans une question toute militaire les négociations ne
pouvaient être longues : l'armée de Metz devait subir
le sort de l'armée de Sédan et se rendre prisonnière de
guerre.

Monsieur de Bismark fit observer que la question
politique devait primer la question militaire. « Je serais disposé à admettre, dit-il, une convention qui
permettrait à l'armée de Metz de se retirer sur un point

désigné du territoire français, afin d'y protéger les délibérations nécessaires pour assurer la Paix. » Cette idée était suggérée à Monsieur de Bismark par les difficultés que faisait naître pour le gouvernement prussien lui-même l'absence d'un gouvernement régulier avec lequel il pût traiter.

D'après les renseignements recueillis par le général Boyer le long de sa route, et les journaux qu'il put se procurer, la France se trouvait dans la plus complète anarchie ; — Paris investi paraissait affamé et sans communications extérieures ; — la discorde civile y paralysait la défense ; — les portes devaient s'ouvrir aux Prussiens dans peu de jours ; — les membres du comité de la défense nationale se trouvaient débordés ; — Gambetta et de Kératry étaient partis en ballon : l'un était tombé à Bar-le-Duc, l'autre à Amiens ; — le désordre augmentait chaque jour dans le midi de la France ; — le drapeau rouge flottait à Lyon, à Marseille, à Bordeaux ; — une armée de volontaires bretons venait d'être détruite du côté d'Orléans ; — la Normandie parcourue par des bandes de brigands avait appelé les Prussiens pour rétablir l'ordre ; — le Hàvre, Elbeuf, Rouen demandaient des garnisons prussiennes afin de sauvegarder avec la garde nationale la sécurité publique ; — un mouvement d'un caractère religieux venait d'éclater en Vendée ; — le Nord désirait ardemment la Paix ; — la Prusse réclamait la Lorraine et l'Alsace avec plusieurs milliards d'indemnité de guerre ; — enfin l'Italie voulait reprendre la Savoie, Nice et la Corse.

Avant de quitter Versailles, le général Boyer eut une

nouvelle entrevue avec Monsieur de Bismarck dans laquelle le Ministre. prussien lui fit comprendre combien l'anarchie en France causait de difficultés à la Prusse disposée cependant à traiter de la Paix : car les différentes villes ne s'accordant pas sur la forme du gouvernement nouveau qui devait remplacer l'Empire, les d'Orléans ne s'étant pas présentés , on ne pouvait songer à établir des bases de négociations qu'en s'adressant au gouvernement qui existait avant le 4 septembre, c'est-à-dire à la Régence ; mais on ignorait si dans les circonstances actuelles la Régente voudrait écouter des propositions pacifiques ; en cas de refus on ne pourrait donc que s'adresser à la Chambre des députés issue du suffrage universel et Représentant encore légalement la Nation. Toutefois, afin que le Corps législatif pût se réunir de nouveau pour délibérer, il faudrait qu'il fût protégé par une armée française.

Tel est le rôle, conclut le ministre, qu'aurait sans doute à remplir l'armée de Metz.

Le général Boyer revint le 17 ; et le 18 eut lieu une nouvelle conférence pour entendre le récit de la mission dont il avait été chargé, afin que l'armée sous Metz pût sortir avec armes et matériel.

Le général Changarnier y assista.

Le général Boyer fit ressortir que les conditions qu'il avait pu obtenir subordonnaient à une question politique les avantages qui seraient accordés à l'armée. Il exposa la situation intérieure de la France telle qu'elle lui avait été dépeinte, et l'impossibilité de traiter avec le gouvernement de la défense nationale sans la convocation préalable d'une Assemblée constituante qui seule pouvait garantir le Traité.

Il fut décidé à la majorité de 7 voix contre 2, que le général Boyer retournerait à Versailles et de là se rendrait en Angleterre dans l'espoir qu'avec l'intervention de l'Impératrice Régente on obtiendrait des conditions plus favorables pour l'armée de Metz.

A l'unanimité le Conseil déclara que le Maréchal Commandant en Chef devait rester en dehors de toute négociation politique, et ne pourrait accepter aucune délégation pour signer un Traité dont les bases seraient étrangères à l'Armée.

Le général Boyer repartit avec ses nouvelles instructions, mais ne revint pas : car l'acceptation des garanties demandées par l'autorité militaire allemande ne dépendait en aucune façon des Chefs de l'armée.

En attendant le retour du général, les Commandants de Corps furent chargés de mettre les généraux et les officiers sous leurs ordres au courant de ce qui se passait, afin de faire savoir aux troupes que leur situation pénible n'était que transitoire.

Le 20 octobre, nouvelle réunion du Conseil de guerre pour connaître le résultat des communications faites par les Commandants de Corps ; à part deux, dont l'un se montra douteux et le 2e hostile, les autres acceptaient.

Mais toutes ces démarches, faites dans le but de sauver l'armée, ne donnant que des renseignements émanant de sources prussiennes, nous laissaient ignorer la réalité : car, au lieu des nouvelles alarmantes rapportées par le général Boyer, quelques troubles avaient été promptement réprimés à Paris, et la partie saine de la population sous l'habile direction du Général Trochu organisait une défense énergique pendant que l'armée de la Loire, sous les ordres du Général d'Aurelles de Paladines, venant déjà de livrer quelques combats glorieux, se préparait à opposer au Général Von-der-Thann une vigoureuse offensive.

A tout hasard notre rôle était donc de retenir autour de Metz le plus longtemps possible l'armée du Prince Frédéric qui devait amener sur la Loire un si puissant renfort. Un retard de 15 jours pouvait changer la face des événements, mais dans l'état où se trouvait l'armée de Metz, il n'était plus possible d'essayer de se maintenir aussi longtemps ; l'effet des incertitudes et des fautes du commencement se faisait ressentir alors d'une façon bien cruelle.

ESSAI D'UNE DERNIÈRE SORTIE.

Enfin le 21 octobre, le Maréchal, attendant toujours le retour du général Boyer avec une réponse positive, se décida à adresser en six expéditions à Paris et à Tours la dépêche suivante :

« A plusieurs reprises j'ai envoyé des hommes de bonne volonté pour donner des nouvelles de l'armée de Metz. Depuis, notre situation n'a fait qu'empirer, et je n'ai jamais reçu la moindre communication, ni de Paris ni de Tours.

« Il est cependant urgent de savoir ce qui se passe

dans l'intérieur du Pays et dans la Capitale, car sous peu la famine me forcera de prendre un parti dans l'intérêt de la France et de cette Armée. »

Les journées des 20, 21, 22 et 23 se passèrent sans incidents extraordinaires; cependant, toujours grande agitation dans la ville et préoccupation dans l'armée.

Le 21, le Maréchal voulut tenter une sortie, mais l'épuisement des troupes l'obligea à y renoncer.

Le 23, le Maréchal, qui se voyait au bout de ses ressources, déclara au Général Coffinières qu'il ne donnerait plus de viande de cheval à la place; immédiatement une commission fut organisée pour acheter les chevaux des particuliers.

La misère devenait très-grande et les souffrances se trouvaient encore augmentées par les pluies torrentielles qui ne cessaient pas depuis plus de quinze jours.

Le 25 octobre au matin, le maréchal réunit un nouveau Conseil de guerre pour transmettre la réponse du Roi qui lui était arrivée seulement le 24 par l'intermédiaire du Prince Frédéric-Charles : elle n'annonçait aucune chance d'arriver à un résultat avantageux par des négociations politiques, l'Impératrice ne voulait pas s'occuper de traiter, et Monsieur de Bismark déclarait que dans ces conditions toute Convention devenait impossible.

La majorité du Conseil accueillit ces communications avec une douloureuse surprise, et émit l'avis qu'il fallait s'adresser directement au Prince Frédéric-Charles pour lui demander que l'armée se retirât en France

11

ou en Algérie, et, s'il refusait, on finirait par une lutte à outrance.

Le vénérable Général Changarnier, quoique n'exerçant pas de commandement, accepta, par dévouement pour l'armée qu'il avait pu apprécier, cette délicate mission.

Les Commandants de Corps continuaient à se plaindre de la misère de leurs soldats, et réclamaient avec raison le partage des vivres de la place afin que l'armée pût en avoir sa part. Cette réclamation était d'autant plus juste que jusqu'au 23 octobre les chevaux de la cavalerie avaient nourri les habitants.

Le général Coffinières, voulant de son côté sauvegarder les ressources de la ville, refusa ; le Maréchal insistant, il demanda un ordre écrit qui lui fut adressé par la lettre suivante :

« Mon cher général, vous avez pris part ce matin au Conseil des Commandants de Corps d'armée et des Chefs supérieurs de service que les circonstances m'ont fait réunir.

« Vous savez déjà qu'il a été reconnu unanimement que la place de Metz et l'armée étaient inséparables dans leurs intérêts comme dans leur sort. Malgré vos observations sur mes décisions antérieures qui séparaient les vivres de l'armée de ceux de la place, malgré vos observations sur les devoirs qui incombent à vos fonctions, le Conseil, n'ayant égard qu'à la situation grave dans laquelle nous sommes placés, s'est prononcé énergiquement pour la mise en commun des vivres encore existants tant dans la place que dans l'armée.

« Cette opinion me paraissant juste et fondée, surtout en présence des souffrances et des privations
qu'endure le soldat, je suis dans l'obligation de vous
ordonner de mettre à la disposition de l'Intendant
général de l'armée pour le service des troupes campées
autour de Metz les denrées qu'il vous demandera.

« Ce haut fonctionnaire a mission de s'assurer des
garanties existantes dans les Corps d'armée et dans la
Place, et d'en faire ensuite une répartition équitable
entre tous de manière que toutes les troupes, qu'elles
appartiennent à la place ou à l'armée, soient également pourvues.

« Vous voudrez bien assurer la stricte exécution des
prescriptions de cette dépêche dont vous m'accuserez
réception. »

RÉPONSE DU PRINCE FRÉDÉRIC-CHARLES.

Le 26 octobre, nouveau Conseil de guerre pour
prendre connaissance de la réponse du Prince Frédéric-
Charles au Général Changarnier.

Elle n'était pas meilleure que les précédentes; le
Prince, sachant notre situation, s'était arrangé de
façon à faire entrer des vivres dans la place, tout en se
tenant prêt à repousser une sortie; il hésita un moment au sujet du départ de l'armée pour l'Algérie, et
finit par déclarer que les instructions qu'il avait reçues
du Roi lui prescrivaient de n'accorder aucune condition
pour l'armée et la place.

Frédéric-Cnarles cependant, après avoir envoyé au-devant de l'illustre Vétéran deux de ses aides de camp, lui avait fait l'accueil le plus courtois.

Dans cette entrevue qui dura près de trois heures, le Prince parla de l'armée avec la plus haute estime et voulut lui témoigner son respect en accordant aux officiers l'autorisation de garder leurs armes.

A la sortie du Conseil, le Maréchal chargea le Général de Cissey de voir le Général Stiehle, chef d'état-major de l'armée prussienne, qui lui répéta presque exactement les paroles dont s'était servi le Prince Frédéric devant le Général Changarnier.

CHAPITRE VI

DERNIERS MOMENTS.

Quelques officiers de valeur furent alors d'avis de tenter encore un suprême effort pour chercher à percer les lignes prussiennes ; mais, dans les conditions d'épuisement où ncus nous trouvions, c'eût été un acte téméraire de l'armée, qui devait produire un résultat désastreux en exposant l'armée qui l'aurait entrepris à une capitulation en rase campagne.

Nous n'avions plus de cavalerie, plus de chevaux pour traîner notre artillerie ; en outre, l'armée, décimée par les maladies, les pertes à l'ennemi, les fatigues et les privations, ne pouvait présenter qu'environ 60,000 combattants ; et dans ces conditions, elle n'était certes pas en état de lutter avec succès contre 240,000 Allemands largement approvisionnés. Il ne restait donc que la perspective d'une nouvelle catastrophe terminée par la perte certaine de milliers de braves soldats inutilement sacrifiés (1).

Il fut convenu à l'unanimité, dans un conseil de guerre réuni le 26 par le Maréchal Bazaine, que le chef d'état-major général Jarras se rendrait au quartier du Prince Frédéric-Charles, délégué par le conseil et muni de ses

(1) Le 26 octobre j'écrivais à M. le colonel du P..... qui me demandait mon avis sur la façon de capituler :

« Je m'empresse de répondre aux graves questions que vous m'avez fait l'honneur de m'adresser.

Savoir :

« 1º Capituler sans conditions.

« 2º Tenter la trouée.

« 3º Briser les armes.

« Le 1er cas est inadmissible.

« Le 2e semble le plus honorable ; mais, en y réfléchissant bien, il est impraticable : sans cavalerie, sans artillerie, avec une infanterie fatiguée, des approvisionnements en vivres et en munitions presque épuisés, ne sachant où se ravitailler, ce serait marcher vers un désastre complet et arriver forcément à une Capitulation en rase campagne avec armes et bagages.

pleins pouvoirs. Il devait arrêter et signer une convention militaire par laquelle l'armée française vaincue
par la famine se constituerait prisonnière de guerre.

Cette cruelle nécessité vers laquelle l'armée fut
forcément entraînée était le funeste résultat des lenteurs et de l'indécision du commencement, et on l'eût
évitée ou au moins retardée, si, au lieu de laisser l'armée s'user sur les glacis de la place, on l'avait établie
dans un vaste Camp retranché qui lui aurait donné des
vivres, un bon campement et une base sérieuse pour
tenter une sortie efficace.

Le but de l'armée de Metz devait être d'inquiéter
l'ennemi, de menacer ses lignes d'opération et d'occuper autour d'elle des forces considérables en essayant
aussi de se relier à Thionville, afin de chercher sur

« Le 3ᵉ cas est une dure nécessité, mais à laquelle nous sommes
forcés de nous soumettre.

« Demeurons donc ici jusqu'au dernier moment ; que la ration
pour les officiers et la troupe soit encore diminuée ; gagnons quelques jours si cela est possible pour retenir le Prince Frédéric et laisser le temps aux nouvelles forces de s'organiser.

Quand nous n'aurons plus de vivres, nous ne trouverons comme
unique consolation qu'à user nos dernières cartouches et tous nos
projectiles ; puis il faudra faire sauter nos forts, brûler nos étendards,
briser nos armes, détruire nos canons, afin de ne rien laisser entier à
l'ennemi.

« Car Metz place forte a pour l'armée Prussienne une très-
grande importance : elle rapproche sa base d'opération, appuie son
attaque sur Paris et lui permet de déployer ses forces dans l'intérieur ou d'assurer sa retraite.

« Ce moyen extrême de sortir de la terrible crise vers laquelle
nous avons été fatalement conduits, me semble le plus profitable à la
défense qui s'organise en France, et le moins humiliant pour nous. »

cette place forte un 2ᵉ point d'appui, qui pouvait lui permettre de gagner le Nord.

En dernier lieu l'armée était tellement épuisée qu'elle se trouvait dans l'impossibilité matérielle de résister plus longtemps. Les quelques chevaux maigres qui nous restaient tombaient d'inanition ; — la mortalité était grande parmi les habitants ; — dans certains Corps depuis plus de 15 jours le pain et le biscuit manquaient ; — on ne touchait plus ni vin ni eau-de-vie ni sucre ni sel, quelques grammes de riz et de café seulement, dans les Corps les mieux pourvus ; — deux cents hommes étaient morts d'épuisement dans les tranchées ; — les ambulances souffraient ; — les amputations ne réussissaient plus ; — presque tous les blessés succombaient. Cependant, connaissant l'importance de Metz , nous trouvions tous que ces souffrances ne suffisaient pas encore.

Bien que l'on ne puisse pas établir en principe qu'il faille faire sauter une place de guerre avant de la livrer, puisque généralement elle doit être restituée à la paix, Metz cependant avait une importance telle que l'on devait détruire tous ses ouvrages extérieurs afin de ne pas rendre à l'ennemi, avec un matériel considérable , des armes, des drapeaux et une armée : une Place Forte qui devait lui être si utile pour poursuivre cette Guerre d'invasion.

La résistance de Metz empêchait le Prince Frédéric de porter secours aux armées de l'intérieur. En la prolongeant, on immobilisait de 200 à 240,000 ennemis qui devinrent plus tard d'un si grand secours au Général Von der Thann pour arrêter notre armée de la Loire, dont l'offensive hardie prise par le Général d'Aurelles de Paladines, devait lui inspirer de vives craintes.

Ces fautes firent diriger contre le Maréchal Bazaine des accusations de trahison qui n'étaient pas fondées, mais auxquelles donna lieu ce fatal dénouement que l'on ne croyait pas aussi rapproché.

La réputation militaire du Maréchal Bazaine était bien établie. C'était un Chef sous les ordres duquel l'armée fut au commencement satisfaite de se trouver; les événements se succédèrent tellement vite, les désastres arrivèrent si inopinément, que le Général en Chef, investi d'un commandement qui assumait sur lui une aussi redoutable responsabilité se trouva tout d'un coup livré à ses faibles ressources sans avoir pris des précautions suffisantes.

Obligé de faire manger les chevaux de l'artillerie et de la cavalerie pour nourrir ses troupes et les habitants; forcé ainsi de désorganiser et de détruire lui-même cette armée qui avait été si vigoureuse, il la rendit incapable de lutter avec succès contre des forces prussiennes dont les effectifs étaient toujours maintenus dans de bonnes conditions.

« Bazaine ne s'est pas vendu, dit le général Changarnier; il n'avait pas besoin d'argent, et son œuvre est loin de la trahison. C'était un acte de nécessité. .

. . . .

« Il croyait que la paix allait être proclamée; que la guerre tomberait à plat et que sa réputation militaire resterait intacte. Ensuite Bazaine espérait que, la paix une fois conclue, il pourrait sortir de Metz avec 100,000 hommes, la fleur de l'armée française, et qu'il pourrait faire accroire à l'opinion publique qu'il était un héros parce qu'il ne se serait pas rendu et aurait tenu Metz envers et contre tous. . . . .

. . . . »

(*Indépendance belge.*, n° du 20 novembre 1870.)

Du reste, ce mot de trahison était exploité alors par une dictature incapable et futile

Le 28 octobre, à 8 heures et demie du matin, le Maréchal Bazaine réunit pour la dernière fois le Conseil de guerre auquel assistèrent les Commandants des Corps d'armée et des armes spéciales pour entendre la lecture de la Convention signée le 27 octobre 1870 au château de Frescaty (près Metz) par le Général Jarras, chef d'état-major de l'armée, muni des pleins pouvoirs que lui donnèrent, dans la séance du 26, tous les membres du Conseil de guerre.

Le Général Jarras lut le protocole ci-dessous, auquel donnèrent leur approbation :

Le Maréchal Canrobert, Commandant le Corps.

Le Maréchal le Bœuf,   —   le 3e   —

Le Général de Ladmirault,   —   le 4e   —

Le Général Frossard,   —   le 2e   —

Le Général Desvaux, commandant provisoirement la Garde Impériale.

Le Général Soleille, commandant en chef de l'artillerie.

. Le Général Coffinières de Nordeck , commandant supérieur de Metz et commandant en chef du génie de l'armée.

L'Intendant Général Lebrun , intendant général de l'armée.

Le Général de division Jarras , chef d'état-major général de l'armée.

Le Général Changarnier.

Le Maréchal Bazaine , Commandant en Chef l'armée du Rhin.

PROTOCOLE :

« Entre les soussignés , le chef d'état-major de l'armée française sous Metz et le chef de l'état-major de l'armée prussienne devant Metz , tous deux munis des pleins pouvoirs de Son Excellence le Maréchal Bazaine , Commandant en Chef, et du Général en Chef Son Altesse Royale le Prince Frédéric-Charles de Prusse.

« La Convention suivante a été conclue :

« Art. 1er. — L'armée française placée sous les ordres du Maréchal Bazaine est prisonnière de guerre.

« Art. 2. — La forteresse et la ville de Metz avec tous les forts, le matériel de guerre, les approvisionnements de toute espèce et tout ce qui est propriété de l'Etat seront rendus à l'armée prussienne dans l'état où tout cela se trouve au moment de la signature de cette convention.

« Samedi 29 octobre à midi les forts de Saint-Julien,

Queuleu, Saint-Quentin, Plappeville et Saint-Privat, ainsi que la porte Mazelle, route de Strasbourg, seront remis aux troupes prussiennes.

« A dix heures du matin de ce même jour, des officiers d'artillerie et du génie, avec quelques sous-officiers, seront admis dans lesdits forts pour occuper les magasins à poudre et éventer les mines.

« Art. 3. — Les armes ainsi que tout le matériel de l'armée, consistant en drapeaux, aigles, canons, mitrailleuses, chevaux, caisses de guerre, équipages de l'armée, munitions, etc., seront laissés à Metz et dans les forts à des commissions militaires instituées par Monsieur le Maréchal Bazaine pour être remis immédiatement à des commissaires prussiens.

« Les troupes sans armes seront conduites rangées d'après leurs régiments ou corps et en ordre militaire, aux lieux qui sont indiqués pour chaque Corps. Les officiers rentreront alors librement dans l'intérieur du camp retranché ou à Metz, sous la condition de s'engager sur l'honneur à ne pas quitter la place sans l'ordre du commandant prussien.

« Les troupes seront alors conduites par leurs sous-officiers aux emplacements de bivouacs. Les soldats conserveront leurs sacs, leurs effets et les objets de campement (tentes, couvertures, marmites, etc.).

« Art. 4. — Tous les généraux et officiers ainsi que les employés militaires ayant rang d'officiers, qui engageront leur parole d'honneur par écrit de ne pas porter les armes contre l'Allemagne et de n'agir d'aucune autre manière contre ses intérêts jusqu'à la fin de la guerre actuelle, ne seront pas faits prisonniers de guerre. Les officiers et employés qui accepteront cette condition conserveront leurs armes et les objets qui leur appartiennent personnellement.

« Pour reconnaître le courage dont ont fait preuve pendant la durée de la campagne les troupes de l'armée et de la garnison, il est en outre permis aux officiers qui opteront pour la captivité d'emporter avec eux leurs épées ou sabres, ainsi que tout ce qui leur appartient personnellement.

« Art. 5. — Les médecins militaires sans exception resteront en arrière pour prendre soin des blessés ; ils seront traités d'après la convention de Genève. Il en sera de même du personnel des hôpitaux.

« Art. 6. — Des questions de détail concernant principalement les intérêts de la ville sont traitées dans un appendice ci-annexé, qui aura la même valeur que le présent protocole.

« Art. 7. — Tout article qui pourra présenter des doutes sera toujours interprété en faveur de l'armée française.

« Fait au château de Frescaty, le 27 octobre 1871.

« Signé : L. JARRAS.

« STIEHLE. »

Ce protocole imposait des conditions blessantes que ne méritait pas l'armée de Metz.

La remise de nos étendards doit être reprochée amèrement au Maréchal Bazaine. Il semble que l'on ait regardé comme une compensation le droit accordé aux officiers de conserver leurs armes ; mais on aurait dû comprendre que l'armée tout entière tenait à ses drapeaux qu'elle avait défendus si courageusement, et que les livrer ainsi à l'ennemi, c'était l'humilier profondément.

Le 28, le Maréchal Bazaine adressait à l'armée son dernier ordre du jour dans lequel il paraissait fort embarrassé de lui faire une pareille communication, après l'avoir conduite, par son imprévoyance, au bord de l'abîme, en lui laissant ignorer le sort qui l'attendait.

« *Ordre du général* n° 12.

« A l'armée du Rhin. »

« Vaincus par la famine, nous sommes contraints de subir le sort de la Guerre en nous constituant prisonniers.

« A diverses époques de notre Histoire militaire, de braves troupes commandées par Masséna, Kléber, Gouvion Saint-Cyr, ont éprouvé le même sort qui n'entache en rien l'Honneur militaire, quand, comme vous, on a aussi glorieusement accompli son devoir jusqu'à l'extrême limite humaine.

« Tout ce qu'il était loyalement possible de faire pour éviter cette fin a été tenté et n'a pu aboutir.

« Quant à renouveler un dernier effort pour briser les lignes fortifiées de l'ennemi, malgré votre vaillance et le sacrifice de milliers d'existences qui peuvent encore être utiles à la Patrie, il eût été infructueux par suite de l'armement et des forces écrasantes qui gardent et appuient ces lignes : un désastre en eût été la conséquence.

« Soyons dignes dans l'adversité ; respectons les conventions honorables qui ont été stipulés, si nous voulons être respectés comme nous le méritons ; évitons surtout, pour la réputation de cette armée, les actes d'indiscipline, comme la destruction d'armes, et de matériel, puisque, d'après les usages militaires, place et armement devront faire retour à la France lorsque la Paix sera signée.

« En quittant le Commandement, je tiens à exprimer aux généraux, officiers et soldats toute ma reconnaissance pour leur loyal concours, leur brillante valeur dans les combats, leur résignation dans les privations, et c'est le cœur brisé que je me sépare de vous.

« Le Maréchal commandant en chef,

« BAZAINE. »

Le 26, le Général Coffinières se rendit au Conseil municipal pour lui faire connaître ces tristes nouvelles. Cette communication fut reçue avec résignation.

Le 27, on lisait à Metz la proclamation du Général aux habitants qui leur annonçait ce fatal dénouement.

« PROCLAMATION.

« Habitants de Metz,

« Il est de mon devoir de vous faire connaître loyalement notre situation, bien persuadé que vos âmes viriles et courageuses seront à la hauteur de ces graves circonstances.

« Autour de nous est une armée qui n'a jamais été vaincue et qui s'est montrée aussi ferme devant le feu de l'ennemi que devant les plus rudes épreuves. Cette armée, interposée entre la ville et l'assiégeant, nous a donné le temps de mettre nos forts en état de défense et de monter sur nos remparts plus de 600 pièces de canon ; enfin elle a tenu en échec plus de 240,000 hommes.

« Dans la place nous avons une population pleine d'énergie et de patriotisme, bien décidée à se défendre jusqu'à la dernière extrémité.

« Si nous avions du pain, cette situation serait parfaitement rassurante ; malheureusement il n'en est point ainsi.

« J'ai déjà fait connaître au Conseil municipal que malgré la réduction des rations, malgré les perquisitions faites par les autorités civiles et militaires, nous n'avions de vivres assurés que jusqu'au 28 octobre.

« De plus, notre brave armée, déjà si éprouvée par le feu de l'ennemi puisque 42,000 hommes en ont subi les atteintes, souffre horriblement de l'inclémence exceptionnelle de la saison et des privations de toute sorte. Le Conseil de guerre a constaté ces faits, et Monsieur le

Maréchal Commandant en Chef a donné l'ordre formel, comme il en a le droit, de verser une partie de nos ressources à l'armée.

« Cependant, grâce à nos économies, nous pouvons rester encore jusqu'au 30 courant, et notre situation ne se trouve pas sensiblement modifiée.

« Jamais dans les fastes militaires une place de guerre n'a résisté jusqu'à un épuisément aussi complet de ressources, et n'a été aussi encombrée de blessés et de malades.

« Nous sommes donc condamnés à succomber ; mais ce sera avec Honneur, et nous ne serons vaincus que par la faim.

« L'ennemi qui nous investit péniblement depuis plus de 70 jours, sait qu'il est prêt d'atteindre le but de ses efforts : il demande la Place et l'Armée, et n'admet pas la séparation de ces deux intérêts.

« Quatre ou cinq jours de résistance désespérée n'auraient d'autre résultat que d'aggraver la situation des habitants.

« Tous peuvent d'abord être bien convaincus que leurs intérêts privés seront défendus avec la plus vive sollicitude.

« Sachons supporter stoïquement cette grande infortune, et conservons le ferme espoir que Metz, cette grande et patriotique Cité, restera à la France.

« Metz, le 27 octobre 1870.

« Le général commandant supérieur,

« COFFINIÈRES. »

12

Dans l'après-midi du 28, quelques manifestations eurent lieu dans la ville. L'hôtel de la division fut envahi, et on sonna le tocsin.

Quant à l'armée, elle supportait son malheur avec une profonde tristesse ; mais sa douleur se témoignait par des accusations sévères contre la conduite du Maréchal Bazaine ; elle ne pouvait surtout pas admettre que ses Aigles, symbole de l'Honneur qu'on lui avait appris à respecter, lui fussent retirées.

REDDITION DE L'ARMÉE.

Le 29 dès le point du jour chaque corps fit déposer ses armes dans les locaux désignés à l'avance. Ensuite nos malheureux soldats rentrèrent au bivouac pour faire leurs préparatifs de départ ; puis quelques heures après, munis de tous leurs effets de campement, ils furent mis en route et conduits aux avant-postes prussiens par une pluie battante qui augmentait encore la tristesse de cette lugubre cérémonie.

Les chefs de corps et les officiers, voulant rester avec leurs hommes jusqu'au dernier moment, les accompagnèrent comme des amis avec lesquels on a vécu et dont on éprouve un vif chagrin de s'éloigner.

En arrivant au camp ennemi, il se produisit, au moment de la séparation, des scènes émouvantes, qui prouvèrent combien étaient réelles les sympathies existant entre les soldats et leurs officiers.

Ces adieux de la part d'Hommes qui savaient s'apprécier après avoir vu ensemble la Mort de si près, devin-

rent déchirants ; les Prussiens eux-mêmes en furent
vivement impressionnés ; enfin on se quitta le cœur
ulcéré, mais avec la conscience d'avoir accompli dignement son devoir.

Le même jour l'armée prussienne prenait possession
de nos forts et entrait à Metz au milieu de la consterna-
tion générale.

A dater du 31 l'autorité prussienne dirigea les officiers
par les voies ferrées sur les différentes résidences qui
leur furent affectées en Allemagne.

RÉFLEXIONS SUR CES ÉVÉNEMENTS.

On a dit et écrit que l'Armée de Metz était indisciplinée
et que ses malheurs devaient être attribués à cette
prétendue indiscipline.

Des assertions aussi fausses prouvent, de la part de
leurs auteurs, ou une ignorance complète de la vie en
campagne, ou une grande injustice envers cette armée.

Que quelques natures turbulentes aient donné lieu à
des répressions sévères, il ne pouvait pas en être
autrement dans une aussi grande réunion d'hommes,
soumis sans cesse aux exigences d'un service pénible
et toujours sous les yeux de leurs chefs.

Mais je déclare que, dans les conditions matérielles où
se trouvait l'armée de Metz, il n'était pas possible de
supporter plus énergiquement qu'elle le fit les souffrances morales et les privations de toutes sortes
auxquelles sont continuellement soumises des troupes
malheureuses.

La tenue, a-t-on prétendu aussi, était négligée et débraillée. Il est impossible d'exiger d'hommes exposés à toutes les intempéries, vivant pour ainsi dire dans l'eau et dans la boue, la même régularité qu'à la caserne ; d'ailleurs ces critiques sévères ignoraient sans doute que beaucoup d'officiers et de soldats avaient perdu presque tous leurs effets tombés au pouvoir de l'ennemi sur le champ de bataille.

Si, par suite de tendances extra-libérales, la discipline était devenue moins sévère, les bons chefs ont toujours néanmoins conservé sur leurs troupes une influence salutaire.

Nos soldats, en campagne, retrouvent cette confiance et cette soumission qu'en garnison de mauvais esprits, qui ont l'odieuse spécialité de troubler la société, veulent faire disparaître chez eux, en cherchant à leur prouver qu'ils font un métier servile.

Toutes les fois que le soldat ne sera pas dominé par ces conseils pernicieux, il restera honnête homme et brave devant l'ennemi : car il puise sous les drapeaux des idées d'ordre, des principes de droiture et de loyauté.

Cependant si, dans ces dernières années, notre armée a perdu de son prestige, elle le doit à toutes ces publications malsaines qui, développant et encourageant les ignobles instincts, éloignent l'homme de guerre de ses devoirs et le rendent rebelle aux règlements militaires.

Telles sont les causes de l'indiscipline, quand elle existe.

On vit dans l'armée, sous l'Empire, des choix qui n'étaient justifiés ni par le mérite, ni par des services exceptionnels, mais, pendant la dictature de M. Gambetta, ce fut bien plus scandaleux : malgré l'avancement obligé pour créer les cadres des nouveaux corps, avancement qui aurait dû être donné à titre provisoire, on peut constater qu'à l'exclusion des généraux de l'ancienne armée, que l'on accusait de trahison ou que l'on disait incapables : des avocats, — des notaires, — des journalistes furent nommés colonels, — intendants, — généraux. La plupart de ces chefs improvisés trouvaient moyen de mettre prudemment à couvert leur responsabilité en restant sentimentalement loin des périls, mais prêchaient néanmoins dans de fougueuses proclamations la guerre à outrance.

Il faut, avec de tels éléments, une décision énergique pour reconstituer une bonne armée, et il serait rationnel que toutes les nominations sans exception, faites depuis le 4 septembre jusqu'au moment où l'Assemblée nationale a reconnu réellement le nouveau Gouvernement, fussent sérieusement examinées et discutées.

L'ambition est une noble chose quand elle a pour mobile de grandes actions ; mais elle devient un crime lorsqu'elle n'est que le résultat d'une passion égoïste.

Si les fâcheuses personnalités politiques qui ont la spécialité de rallier autour d'elles de mesquins caractères disparaissaient, bien des maux seraient évités à la Patrie !

Nos jeunes offiziers, au début de leur carrière, ont vu de bonne heure de prodigieux événements, ils ont mûri vite sur ces champs de bataille, uniques dans l'Histoire, dont les siècles futurs garderont le souvenir, et, ce grand enseignement qu'ils n'oublieront pas leur donnera certainement une expérience utile pour l'avenir.

Plus heureux qu'eux, il y a 20 ans, nous entrions dans l'armée avec des succès : l'Afrique nous donnait de la confiance;—la Crimée, un triomphe chèrement acheté; l'Italie , de glorieuses victoires ; — la Chine , — le Mexique, de brillants combats, et nous étions habitués aux aventures périlleuses.

Comptant trop sur notre bonne étoile, nous nous abandonnions complaisamment à cette assurance que donne le bonheur.

Nous fûmes aveuglés, nos défauts nous parurent des qualités, et nous nous crûmes invincibles.

Convaincus maintenant tous par des faits accablants, guérissons bien vite nos plaies.

Que la Nation, remise d'une si terrible secousse, respecte et soutienne le Gouvernement qu'elle aura choisi.

Qu'elle rende à l'armée la considération due à des gens de cœur qui lui offrent loyalement leur sang.

Qu'elle réveille dans toutes les classes le sentiment National que l'égoïsme semblait avoir éteint.

Qu'elle repousse surtout avec dédain toutes ces appréciations absurdes, écloses dans le cerveau de quelques fous qui lui enlèvent les sympathies de ses voisins.

Et qu'une bonne fois les honnêtes gens de tous les

partis, dont le dévouement s'est si bien montré quand il s'agissait de défendre la Patrie au prix de leur vie, s'entendent, afin d'entraver pour toujours la Révolution qui ne satisfait que quelques parasites et permet à la lie de la société de sortir de l'égout. N'oublions pas les mascarades hideuses et les atroces cruautés des assassins du 18 mars 1871.

Profitons de la Paix pour réorganiser solidement et avec discernement notre Armée en mettant de côté cette routine incarnée qui nous a perdus.

Que l'on exige des officiers de tout grade des connaissances militaires indispensables.

Qu'un concours sérieux, en écartant la faveur, vienne récompenser le mérite, encourager les études et le travail.

Que nos officiers d'état-major surtout possèdent une instruction approfondie qui les mette à la hauteur des importantes fonctions, quelquefois trop légèrement traitées, qu'ils sont appelés à remplir pendant la Guerre.

Que le service militaire, obligatoire pour tous, devienne en honneur.

Que l'uniforme, respecté, soit commode, fait en vue de la guerre, non pour la parade, et débarrassé de tous les ornements ou accessoires inutiles.

Que nos règlements, appliqués à la lettre, fassent exiger la discipline et observer la hiérarchie du grade.

Que l'on soit enfin certain qu'une armée ne s'improvise pas, mais ne se crée que très-difficilement : nous acquerrons ainsi la force nécessaire pour réparer nos désastres et reconquérir notre suprématie.

J'arrive à la fin de la tâche que je m'étais imposée.
J'ai voulu rappeler les rudes et honorables travaux de
l'Armée de Metz en reproduisant avec pièces à l'appui
presque jour par jour ses luttes et ses souffrances.

Ce n'est pas son plaidoyer que j'ai présenté, elle n'a
pas besoin d'être défendue : je n'ai retracé que des faits
débarrassés de tout esprit de parti, et j'en ai tiré des
déductions ; je laisse au lecteur le soin d'apprécier ce
qu'a accompli cette armée. Quant à elle, elle regrette
de ne pas avoir pu faire davantage.

LETTRE DU MARÉCHAL BAZAINE.

Le Maréchal Bazaine quitta Metz dans la soirée du
28. Quatre jours après, il écrivit la lettre suivante, re-
produite par les journaux :

« Cassel, 2 novembre 1870.

« En arrivant à Cassel où nous sommes internés par
ordre de l'autorité prussienne, j'ai lu votre bulletin
(partie politique) du 1er novembre sur la Convention
militaire de Metz et la proclamation aux Français de
M. Gambetta.

« Vous avez raison : l'Armée n'eût jamais suivi un
traître, et, pour toute réponse à cette élucubration men-
songère, afin d'éclairer l'opinion publique, je vous
envoie l'ordre du jour (n° 12) adressé à l'armée après
les décisions prises à l'unanimité par les Conseils de
guerre des 26 et 28 octobre au matin.

« Le délégué du gouvernement de la défense nationale ne semble pas avoir conscience de ses expressions ni de la situation de l'armée de Metz en stigmatisant la conduite du Chef de cette Armée qui pendant près de trois mois a lutté contre des forces doubles, quelquefois triples, dont les effectifs étaient toujours tenus au complet, tandis qu'elle ne recevait même pas une communication de ce gouvernement, malgré les tentatives faites pour se mettre en relation avec lui.

« Pendant cette campagne de trois mois, l'armée de Metz a eu un Maréchal, 24 généraux, 2,140 officiers et 42,350 soldats atteints par le feu de l'ennemi.

« Se faisant respecter dans tous les combats qu'elle a livrés, une pareille armée ne pouvait être composée de traîtres ni de lâches. La famine, les intempéries ont fait seules tomber les armes des mains des 60,000 combattants qui restaient (l'artillerie n'ayant plus d'attelage, et la cavalerie étant démontée), et cela après avoir mangé tous les chevaux et fouillé la terre dans toutes les directions pour y trouver rarement un fatal allégement à ses privations.

« Sans son énergie et son patriotisme, elle aurait dû succomber dans la première quinzaine d'octobre, époque à laquelle les hommes étaient déjà réduits par jour à 150 grammes de mauvais pain.

« Ajoutez à ce sombre tableau plus de 20,000 malades ou blessés, sur le point de manquer de médicaments, et une pluie torrentielle depuis plus de quinze jours inondant les camps et ne permettant pas aux hommes de se reposer, car ils n'avaient d'autres abris que leurs petites tentes.

« La France a toujours été trompée sur notre situation, qui a été constamment critique.

« Pourquoi ? Je l'ignore, et la vérité finira par se faire jour.

« Quant à nous, nous avons la conscience d'avoir rempli notre devoir en soldats et en patriotes.

« Recevez, etc.

« BAZAINE. »

Le Maréchal publia ensuite un rapport sur les opérations de l'armée de Metz, du 13 août au 28 octobre, dont j'ai mentionné les principaux passages.

Ainsi s'achevait le 2ᵉ acte de ce Drame unique, qui devait se dérouler d'une façon si écrasante devant Paris !

CONCLUSION

CONCLUSION

Les fautes politiques ; — des Chambres composées
d'une majorité insouciante et d'une minorité factieuse ;
— la coupable confiance de l'Empereur et de ses Ministres; — la légèreté et l'imprévoyance avec lesquelles
la guerre fut déclarée ; — la faiblesse numérique de
l'armée ; — les attaques continuelles de l'opposition
toujours de plus en plus violentes et gênant les opérations militaires ;— la Révolution qui, après avoir enlevé
au Gouvernement son autorité, le renversa quand le
péril grandissait ;— enfin le manque d'ensemble dans la
défense, compliquée par le désordre(1) et l'inexpérience
qui la rendirent insuffisante : eurent une influence funeste sur le sort de la France entière. — Tandis que les
fautes militaires commises au commencement de la
campagne furent en grande partie cause de la perte de
l'armée de Metz.

Des forts à peine terminés,—une place surtout mal
approvisionnée en vivres et en munitions, —un blocus

1) Désordre de la Capitale obligeant la défense à se préoccuper à
la fois de l'ennemi et des troubles intérieurs.

très-serré, soutenu par une armée nombreuse avec une artillerie formidable, créèrent au Général en chef des difficultés sérieuses (1).

Néanmoins il est permis d'admettre qu'après les journées des 14, 16 et 18 août, quand les troupes furent reposées, si on n'avait considéré la place que comme un point d'appui, pour établir l'armée dans un vaste camp retranché, protégé du côté de l'ennemi par d'importants ouvrages en terre, reliés entre eux et élevés aux points culminants de Mercy-le-Haut, Sainte-Barbe, et sur les hauteurs de Malroy; tous les villages environnants, en nous fournissant de bons cantonnements, nous auraient aussi donné d'abondants approvisionnements qui, distribués avec économie, eussent certainement favorisé une sortie efficace ou au moins prolongé la défense.

Avant que l'ennemi ait eu le temps d'élever de sérieux retranchements, une seule attaque, vigoureusement entreprise avec des forces suffisantes et de l'ensemble pouvait nous donner ces résultats importants, sans augmenter nos pertes, et nous dispensait ainsi de toutes ces affaires partielles qui furent si infructueuses.

Nous étions dès lors préparés à toutes les éventualités, et notre bonne contenance fût devenue d'un poids considérable pour les événements à venir.

Quant à traverser les lignes ennemies, ce n'était

(1) Le Prince Frédéric-Charles asssura, au moment de la capitulation, au Général Changarnier qu'il avait toujours eu 240,000 combattants devant Metz.

faisable que pour tendre la main à une armée de secours ou pour gagner Thionville ; mais tout espoir d'être secouru étant perdu, nous n'avions plus qu'à nous maintenir dans ce camp retranché d'où nous pouvions plus facilement encore nous relier à cette deuxième place forte.

En essayant de sortir de nos lignes sans données certaines sur les opérations des armées extérieures, c'était entreprendre une course imprudente et marcher au hasard avec une armée décimée par les pertes à l'ennemi et les maladies.

Quel que fût le parti politique qu'ait servi le Maréchal Bazaine, son devoir et l'intérêt de sa cause l'obligeaient à garder Metz jusqu'à la dernière extrémité ; les accusations de trahison qui, dans un moment de mécontentement bien compréhensible, furent dirigées contre lui, n'avaient rien de fondé ; mais son imprévoyante insouciance lui créa une fatale position qui l'obligea à céder plus tard devant une impérieuse nécessité.

En se préoccupant du sort de l'armée, le Maréchal se laissa entraîner à des pourparlers avec le Roi de Prusse et Monsieur de Bismark qui lui firent ignorer la vérité en ne lui donnant que des nouvelles préparées pour les armées allemandes : car si le Maréchal eût appris plutôt les efforts faits en France, il aurait certainement hésité à céder à l'ennemi avec une armée, des drapeaux, des munitions, des canons et des armes : une place de 1er ordre, parfaitement intacte, qui devait être si utile à l'ennemi pour assurer sa marche vers Paris ou sa retraite en cas d'échec.

Cette faute fut si grave qu'elle sembla un crime.

Quand les négligences si préjudiciables du commencement eurent diminué nos ressources et amené promptement l'épuisement de l'armée, le Maréchal n'avait plus qu'à attendre sous les murs de Metz la dernière limite humainement possible; il devait avouer franchement à ses troupes la position dans laquelle elles se trouvaient et faire appel à leur dévouement.

Enfin, au moment décisif, il ne lui restait plus qu'à user ses dernières cartouches, à détruire les forts, briser ses armes ; brûler ses étendards, mettre hors de service tous ses canons, renvoyer dans leurs foyers les hommes du pays pour diminuer le nombre des prisonniers, et traiter ainsi avec l'ennemi.

En agissant de la sorte, le Maréchal Bazaine conservait sans tache la réputation militaire d'une vaillante armée; n'aurait pas terni, par une déplorable capitulation, une brillante réputation militaire ; compromis des noms estimés; et livré entière une de nos meilleures places de guerre.

A Metz, succomba la dernière des armées régulières qui avaient engagé la lutte au commencement de la Campagne.

Elle combattit pendant trois mois et demi dans des conditions d'infériorité numérique et de malaise exceptionnelles, —livra sous les murs de Metz en deux mois et demi, toujours au moins un contre deux , quatre

grandes batailles : Borny, Rézonville, Saint-Privat,
Servigny ; dix ·combats : Noiseville, Lauvalières,
Colombey, Mercy-le-Haut, la Grange-aux-Bois, Peltre,
Ladonchamp, les Maxes, les Petites-Tappes et Lessy,
sans compter presque journellement des affaires d'a-
vant-postes.

Sur un effectif de 110,000 combattants au plus, elle
eut d'atteints par le feu de l'ennemi : 1 Maréchal, — 24
généraux, — 2,140 officiers, — 42,350 soldats ; et ses
adversaires eux-mêmes déclarèrent que partout cette
armée avait lutté avec une rare énergie (1).

Comme les armées de Reichoffen et de Sédan, elle fut
victime de l'incroyable incurie avec laquelle se firent
tous les préparatifs.

Jusqu'à Sédan, la Prusse avait commencé une guerre
glorieuse, et la France, vaincue, écrasée par le nombre,
s'était honorée par la vigueur de sa résistance.

Après Sédan, la lutte entre dans une nouvelle phase

(1) « Parmi les batailles de ce siècle, dit la *Gazette de Kiel* dans
un résumé des sept mois de la campagne de France en 1870 et 1871.
il n'y a eu que la Belle-Alliance, Borodino, Eylau et Zorndori qui puissent être comparés aux combats livrés devant Metz. »
Dans son n° du 6 mars, le *Nord* écrit : « Nous avons sous les yeux
« une brochure faite par un officier général prussien sur la partie de
« la campagne qui s'est terminée par la capitulation de la forteresse
« lorraine,. L'auteur de cet opuscule rend un éclatant hommage non-
« seulement à la bravoure, mais encore à l'expérience et aux qualités
« militaires des troupes qui ont combattu à Mars-la-Tour, à Rézon-
« ville et à Gravelotte. »
Ces trois combats représentent pour les Prussiens les journées du
16, du 17 et du 18 août.

qui rappelle par ses cruautés les temps les plus bar-
bares.

Ce sont des bombardements de places habitées par
des populations inoffensives, qui, en raison des lois de
l'humanité, obligent les défenseurs à se rendre; ou bien
des troupes aguerries et surexcitées par le succès, qui
combattent contre de braves jeunes gens ne sachant
que mourir pour défendre leur patrie.

Un acharnement insensé de part et d'autre a main-
tenu en présence deux grandes Nations dans des conditions bien différentes.

La Prusse, sérieuse, positive, vénérant son Roi et
soutenant son Gouvernement, faisait la guerre depuis
Duppel avec un bonheur inespéré. Sadowa avait mis le
comble à sa confiance; la bonne organisation de son
armée, le soin qu'elle prenait sans cesse de la perfec-
tionner, les goûts guerriers qui s'étaient répandus dans
toutes les classes, la rendaient un adversaire redoutable.

La France, entreprenante, avide d'émotions, enthou-
siaste des grandes choses, avait vaincu à Sébastopol,
à Magenta, à Solférino et mené à bonne fin de lointai-
nes et téméraires expéditions; elle cultivait les arts et
les sciences en leur faisant faire des progrès, perfec-
tionnait son industrie, s'adonnait au commerce pour
augmenter ses richesses, et sa Capitale devenait un vaste
palais enchanté où à côté du luxe et de l'élégance ger-
maient les idées révolutionnaires.

Toujours mécontente de son Gouvenement quel qu'il
fût, elle lui suscitait des embarras continuels.

Belliqueuse, mais ne voulant plus d'armée permanente, elle repoussait les exigences du service militaire.

Néanmoins ambitieuse, glorieuse à juste titre du rang qu'elle occupait dans le monde, s'alarmant aussi de la puissance croissante de la Prusse, elle lui déclara la guerre sans réflexion et sous un prétexte futile.

La Prusse, qui rêvait des conquêtes, se tenait sur ses gardes ; sachant combien la lutte serait acharnée, elle s'y préparait depuis longtemps, et saisit avec empressement l'occasion de pouvoir dire devant l'Europe qu'elle avait été provoquée.

Dans cet effroyable duel, la France, percée de coups, mutilée, baignée dans son sang et dans celui de l'ennemi, s'est relevée tant qu'il lui resta un souffle de vie.

La Prusse, avec le flegme de son caractère allemand, a approché méthodiquement tous ses engins de destruction,— a expérimenté ses canons Krupp,— brûlé, —détruit froidement tout ce qui lui opposait un obstacle sérieux.

Les Nations comme les hommes ont des époques de grandeur et de décadence ; et, aux yeux de l'observateur impartial, cette Guerre est un immense fléau pour les deux Pays.

Chez ces deux grands Peuples créés pour s'entendre et se compléter l'un par l'autre, elle a laissé un germe de haine.

La France, terrassée sous une couche de mitraille, n'a cédé que quand elle s'est sentie broyée par cette étreinte de fer ; un jour encore, elle voudra sa revanche, et les générations à venir verront de nouveau des flots de sang rougir les fleuves ou inonder les campagnes abandonnées par leurs paisibles habitants.

Le Pays, tout en s'imposant de durs sacrifices afin de se débarrasser au plus vite de l'occupation si pénible des armées allemandes, doit préparer aussi avec soin sa nouvelle organisation militaire pour saisir le moment favorable.

L'indifférence qu'ont montrée les grandes puissances en demeurant impassibles devant tant de ruines, laisse à la France le droit de choisir des alliances qui puissent réellement servir ses intérêts.

Sans songer à une guerre d'invasion qui la livrerait de nouveau au hasard d'une entreprise téméraire, qu'elle attende froidement les événements et regarde autour d'elle. Il existe à l'Est de l'Europe une imposante Nation qui depuis 200 ans n'a cessé de grandir ; elle fut plusieurs fois pour nous un adversaire redoutable ; mais la lutte, ayant été courtoise de part et d'autre, n'a laissé aucune pensée d'amertume.

Il est impossible que, dans un délai plus ou moins long, la Russie n'ait pas l'occasion de se mesurer avec le nouvel Empire d'Allemagne, dont la politique de conquêtes fera tôt ou tard des provinces polonaises et surtout des provinces allemandes de la Baltique un brandon de discorde.

L'Empereur Guillaume Ier, arrivant à l'apogée des triomphes vers la fin de sa longue carrière, mourra en conquérant. Cependant il laissera à ses successeurs une bien grave responsabilité et une lourde tâche, car les deuils amoncelés sous nos toits par tant de carnages, les larmes que nos enfants ont vu verser à leurs mères resteront pour eux de cruels souvenirs.

Et quand le cri de guerre aura retenti sur le Niémen ! il trouvera fatalement pour la Prusse un terrible écho en France !

Stargard (Poméranie), 29 mars 1871.

FIN.

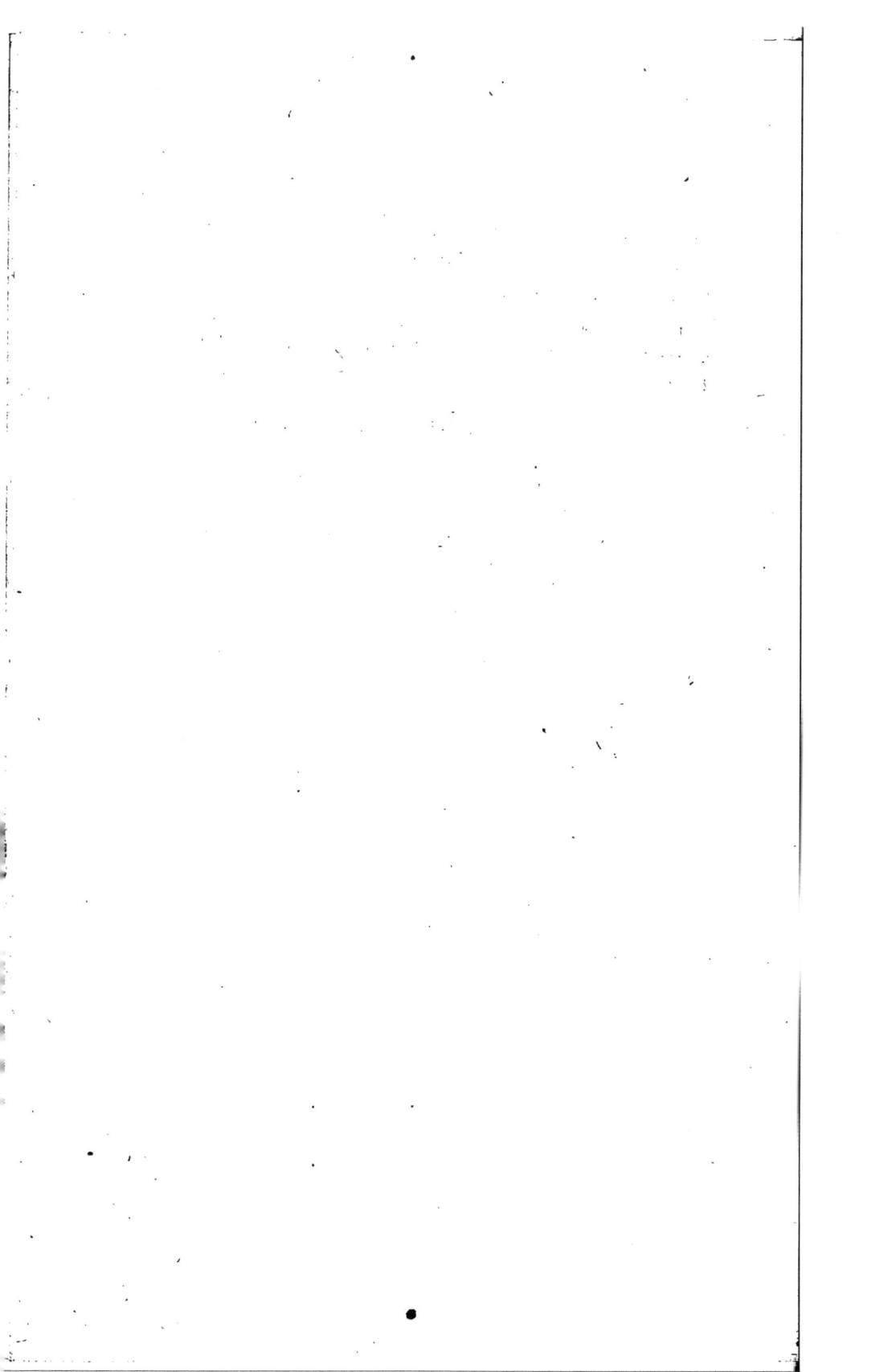

TABLE

—

PREMIÈRE PÉRIODE.

DE LA DÉCLARATION DE GUERRE AU BLOCUS.

CHAPITRE Ier.

CHAPITRE II.

CHAPITRE III.

CHAPITRE IV.

CHAPITRE V.

DEUXIÈME PÉRIODE.

DU BLOCUS A LA CAPITULATION.

CHAPITRE Ier.

CHAPITRE II.

CHAPITRE III.

CHAPITRE IV.

CHAPITRE V.

CHAPITRE VI.

POITIERS. — TYP. DE HENRI OUDIN.

CARTE DES ENVIRONS DE METZ,

pour les opérations militaires du 14 Aout au 28 Octobre 1870. (EXTRAIT DE LA CARTE DE L'ÉTAT-MAJOR.)

ÉCHELLE : $\frac{1}{80,000}$

HECTOMÈTRES — KILOMÈTRES.

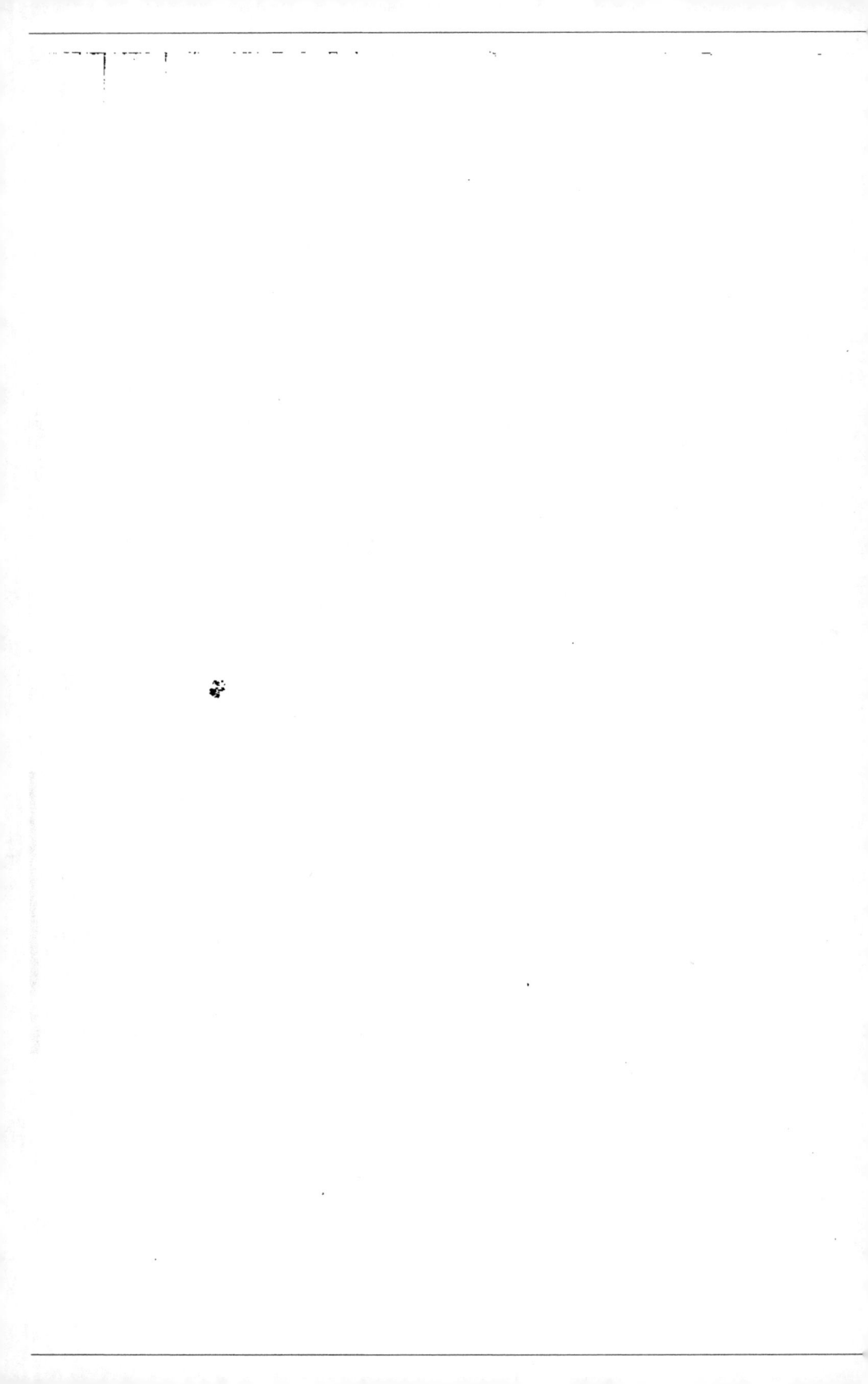

DE L'AUTEUR:

— *Question Africaine.* (1865.)

— *Considérations sur la Cavalerie en 1867.* — (Rapport au Ministère de la Guerre.)

— *Etude sur l'avancement dans l'armée.* (Rapport au Ministère de la Guerre 1868.)

— *Importance de Saint-Germain au point de vue de la défense de Paris.* (Rapport au Ministère de la Guerre. 1869.)

— *La Cavalerie combinée avec les autres armes sous l'influence du nouvel armement.* (Conférence au Ministère de la Guerre. Décembre 186

MAXIMES ET PENSÉES

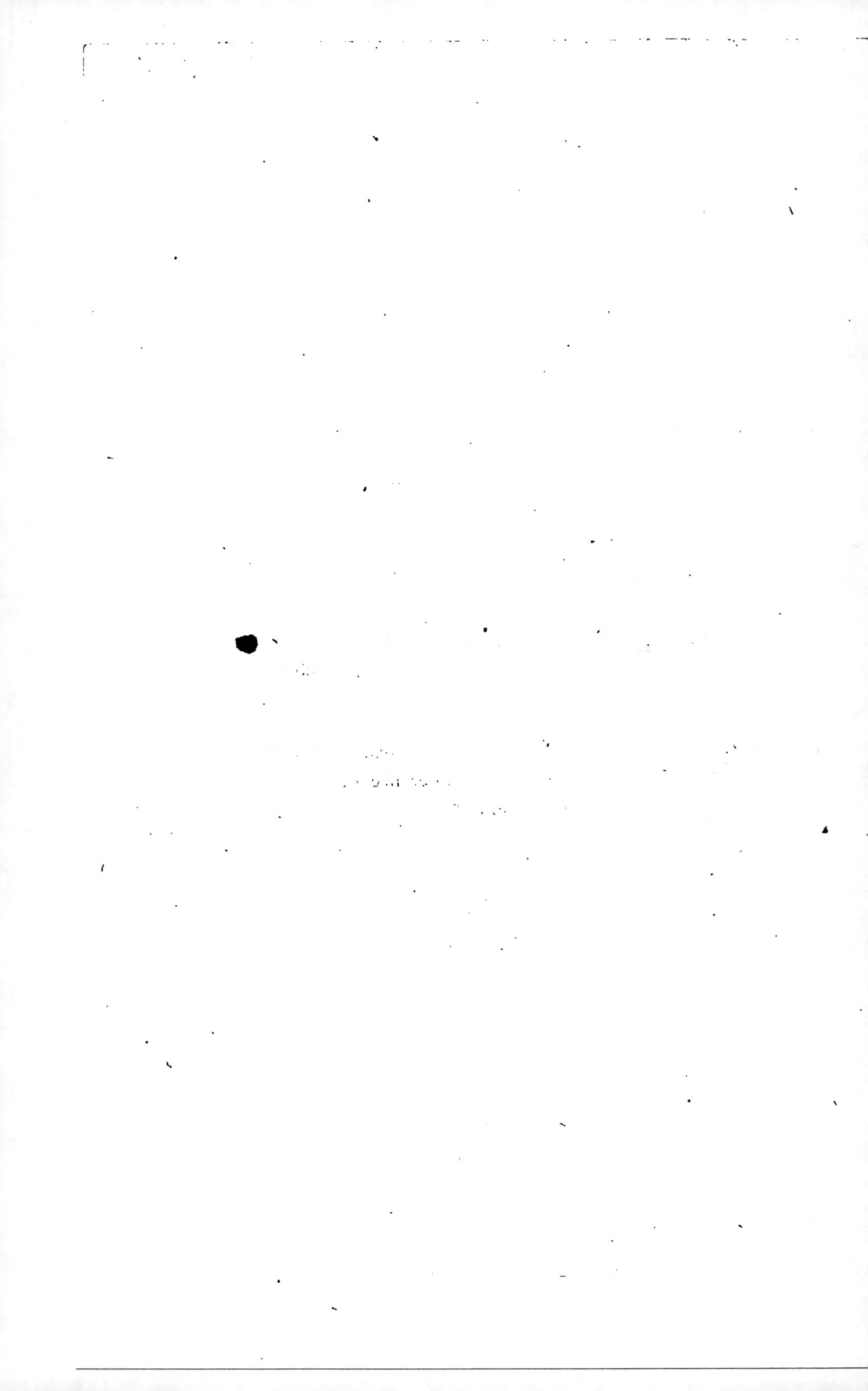

www.ingramcontent.com/pod-product-compliance
Lightning Source LLC
Chambersburg PA
CBHW071942090426
42740CB00011B/1792